KB139192

지구약론(地璆略論)

엮은이 **허재영**

• 현재 단국대학교 교육대학원 교육학과 국어교육 부교수.
• 국어문법사를 전공하였으며, 국어교육사와 제2언어로서의 한국어교육 분야에 관심을 갖고 연구를 진행하고 있음. 춘천교육대학교, 성신여자대학교, 경원대학교 등 여러 학교에서 강의를 하였으며, 서울대학교 국어교육연구소 선임연구원, 호서대학교 겸임 교수를 지냈음.
• 논저로는 『부정문의 통시적 연구』(2002, 역락), 『국어과 교육의 이해와 탐색』(2006, 박이정), 『제2언어로서의 한국어교육의 이해와 탐색』(2007, 보고사), 『국어의 변화와 국어사 탐색』(2008, 소통), 『우리말 연구와 문법 교육의 역사』(2008, 보고사), 『일제강점기 교과서 정책과 조선어과 교과서』(2009, 도서출판 경진), 『통감시대 어문교육과 교과서 침탈의 역사』(2010, 도서출판 경진), 일제강점기 어문 정책과 어문 생활 시리즈로 『일제강점기 어문 정책과 어문 생활』(2011, 도서출판 경진), 『조선 교육령과 교육 정책 변화 자료』(2011, 도서출판 경진), 『일본어 보급 및 조선어 정책 자료』(2011, 도서출판 경진), 그 밖의 국어사 및 국어과 교육 관련 논문이 다수 있음.

지구약론(地璆略論)

© 허재영, 2015

1판 1쇄 인쇄_2015년 11월 10일
1판 1쇄 발행_2015년 11월 20일

엮은이_허재영
펴낸이_양정섭
펴낸곳_도서출판 경진
등록_제2010-000004호
블로그_http://kyungjinmunhwa.tistory.com
이메일_mykorea01@naver.com

공급처_(주)글로벌콘텐츠출판그룹
대표_홍정표
편집_송은주 디자인_김미미 기획·마케팅_노경민 경영지원_안선영
주소_서울특별시 강동구 천중로 196 정일빌딩 401호
전화_02-488-3280 팩스_02-488-3281
홈페이지_http://www.gcbook.co.kr

값 11,200원
ISBN 978-89-5996-488-8 93370

※ 이 책은 본사와 저자의 허락 없이는 내용의 일부 또는 전체의 무단 전재나 복제, 광전자 매체 수록 등을 금합니다.
※ 잘못된 책은 구입처에서 바꾸어 드립니다.

지구약론

地球略論

허재영 엮음

경진출판

원문 왼편의 부속 한자는 괄호로 병기하였다. 본문에 밑줄을 긋거나 글꼴을 바꾼 것은 엮은이가 임의로 한 것임을 밝힌다.

해제

『지구약론(地璆略論)』은 1895년 학부에서 편찬한 근대식지지(地誌) 교과서이다. 표지와 판권이 남아 있지 않기 때문에 정확한 서지 사항을 밝히기는 어려우나, 1895년 학부에서 편찬한 『신정심상소학(新訂尋常小學)』의 '학부 편집국 개간 서적 정가표(學部 編輯局 開刊 書籍 定價表)'에 이 책명이 들어 있음을 고려할 때, 『국민소학독본』, 『신정심상소학』, 『숙혜기략』 등과 함께 편찬된 교과서임에 틀림없다. 이 정가표에 따르면 이 해에 편찬된 교과서는 총 17종이며, 1897년까지 『태서신사남요』를 비롯한 7종의 교과서 편찬이 더 이루어졌다.

이 책은 목활자본(木活字本)으로 총 20장(張) 40면(面)이며, 크기는 30.0×19.6cm이다. 현재 서울대학교 규장각, 한국학중앙연구원 장서각에 소장되어 있다. 이 책은 지구, 오대양 육대주, 조선 주변국의 위치, 우리나라의 지리·문화, 외국지지 등을 내용으로 하였으며, 순국문 한자 부속 문체(純國文漢字附屬文體)를 사용한 문답식 교재라는 점이 특징이다. 한자는 국문 왼편에 부속하였다.

내용상 '백두산'을 우리나라의 주산(主山)으로 설정하고, 두만강이 '동해(東海)'로 흘러들어 가는 점, 울릉도와 독도(우산도)를 강원도 소재 섬으로 기술한 점 등은 교과서 편찬 과정에서 자주의식을 반영한 내용으로 볼 수 있다.

설명 과정에서 어려운 단어는 협주를 사용했는데, 주석은 쌍행(雙

行)을 사용하였다. 인지명 표기에서 국문과 부속문의 대응 방식이 흥미로운데, 예를 들어 순국문의 '둑겁강'은 왼편에 '蟾津江'으로 한자를 부속하였다. 이는 외국 인지명도 마찬가지인데, 순국문 표기에서는 현실음에 가까운 '에지부도, 이스레일' 등과 같은 음차 표기를 하고, 부속문에는 '埃及, 尼塞列'과 같은 한자 차자를 표기하였다.

목차가 존재하지는 않으나 내용상 '지구 및 오대양 육대주' 1~6면, 우리나라의 지지 7~28면, 세계지지 29~40면으로 구성되어 우리나라의 지리 설명에 많은 비중을 두었으며, 아세아의 경우 '청국, 일본, 인도, 아라사, 유다국'의 순서로 설명하고, 아프리카, 유럽에 있는 나라를 소개하였다. 특히 유다국 설명이 비교적 자세한데, 이스라엘과 이집트의 역사를 기술하면서 모세의 탈출을 비교적 상세하게 설명한 점을 고려하면, 이 교과서를 편찬할 때 서양 선교사의 지리 관련 서적의 영향이 있었을 것으로 짐작된다.

목차

지구약론

학부 편찬

디구략론(地璆略論)

[問] 디구(地璆)가 무숨 모양(貌樣)이뇨.
[答] 둥근 모양(貌樣)이니라.

[問] 디구(地璆)가 안정(安靜){움작이지 안는 형용(形容)}ᄒᆞᄂᆞ뇨.
[答] 디구(地璆)가 날마다 ᄒᆞᆫ 번식 도ᄂᆞ니라.

[問] 디구(地璆)가 돌면 엇지 되ᄂᆞ뇨.
[答] 낫[晝]과 밤[夜]이 되ᄂᆞ니라.

[問] 엇지ᄒᆞ여 낫[晝]과 밤[夜]이 되ᄂᆞ뇨.
[答] ᄯᆞᆨ히 ᄒᆡ를 ᄃᆡ(對)ᄒᆞ면 낫[晝]이 되고 ᄒᆡ를 등지면 밤[夜]이 되ᄂᆞ니라.

[問] 쥬회(周迴)가 얼마나 되ᄂᆞ뇨.
[答] 칠만(七萬) 오쳔(五千) 리(里) 되ᄂᆞ니라.

[問] 디구(地璆) 우희 무어시 잇ᄂᆞ뇨.

[答] 물[水]과 흙[陸]이 잇ᄂᆞ니라.

[問] 흙[陸]이 만흐뇨, 물[水]이 만흐뇨.
[答] 물[水]은 삼분지이(三分之二)오 흙[陸]은 삼분지일(三分之一)이니 물이 만흐니라.

[問] 물 만히 모힌 ᄃᆡ가 무어시뇨.
[答] 대양(大洋)이라 ᄒᆞᄂᆞ니라.

[問] 대양(大洋)이 몃치나 되ᄂᆞ뇨.
[答] 다ᄉᆞᆺ시니라.

[問] 닐ᄏᆞᆯ 무어시뇨.
[答] 태평양(太平洋)과 대서양(大西洋)과 인도양(印度洋)과 븍빙양(北氷洋)과 남빙양(南氷洋)이니라.

[問] 다ᄉᆞᆺ 대양 중(大洋中) 어ᄃᆡ가 뎨일(第一) 크뇨.
[答] 태평양(太平洋)이 뎨일(第一) 크니라.

[問] 태팡양(太平洋)이 넓기가 몃 리(里)뇨.
[答] 이만 ᄉᆞ쳔리(二萬四千里)되ᄂᆞ니라.

[問] 길이ᄂᆞᆫ 몃 리(里)뇨.
[答] 이만 칠쳔리(二萬 七千里)되ᄂᆞ니라.

[問] 물 가온ᄃᆡ 잇ᄂᆞᆫ ᄯᆞ히 무어시뇨.
[答] 셤이니라.

[問] 디구(地璆)가 몃 디방(地方)에 분별(分別)되엿ᄂᆞ뇨.
[答] 여ᄉᆞᆺ세 분별(分別)되엿ᄂᆞ니라.

[問] 디방 일홈이 무어시뇨.
[答] 아셰아(亞西亞)와 유롭프[歐羅巴]와 아프리까[亞非利加]와 오스틀렬랴[濠大利亞]와 남아미리까[南亞米利加]와 북아미리까[北亞米利加]니라.

[問] 동편(東便)에ᄂᆞᆫ 엇던 디방(地方)이 잇ᄂᆞ뇨.
[答] 아셰아(亞西亞)와 유롭프[歐羅巴]와 아프리까[亞非利加]와 오스틀렬랴[濠大利亞]니라.

[問] 서편(西便)에ᄂᆞᆫ 엇던 디방(地方)이 잇ᄂᆞ뇨.
[答] 남아미리까[南亞米利加]와 븍아미리까[北亞米利加]니라.

[問] 여삿 디방(地方) 즁에 엇던 디방(地方)이 크뇨.
[答] 아셰아(亞西亞)가 크니라.

[問] 여ᄉᆞᆺ 디방(地方) 즁에 엇던 디방(地方)이 젹으뇨.
[答] 오스틀렬랴[濠大利亞]가 젹으니라.

[問] ᄯᆞ 깁흔 ᄃᆡ 모히ᄂᆞᆫ 물이 무어시라 ᄒᆞᄂᆞ뇨.
[答] 못시라 ᄒᆞᄂᆞ니라.

[問] 물 만히 흘너가ᄂᆞᆫ ᄃᆡ를 무어시라 ᄒᆞᄂᆞ뇨.
[答] 강(江)이라 ᄒᆞᄂᆞ니라.

[問] 됴션국(朝鮮國)이 엇던 ᄯᆞ에 잇ᄂᆞ뇨.

[答] 아셔아(亞西亞) ᄯᅡ 동편(東便)에 잇ᄂᆞ니라.

[問] 아셔아(亞西亞) 동편(東便)에 엇던 대양(大洋)이 잇ᄂᆞ뇨.
[答] 태평양(太平洋)이란 바다가 잇ᄂᆞ니라.

[問] 아셔아(亞西亞) 남편(南便)에 엇던 대양(大洋)이 잇ᄂᆞ뇨.
[答] 인도양(印度洋)이란 바다가 잇ᄂᆞ니라.

[問] 아셔아(亞西亞) 셔편(西便)에 엇던 ᄯᅡ히 잇ᄂᆞ뇨.
[答] 유롭프[歐羅巴]란 ᄯᅡ히 잇ᄂᆞ니라.

[問] 아셔아(亞西亞) 셔남간(西南間)에 엇던 ᄯᅡ히 잇ᄂᆞ뇨.
[答] 아프리ᄭᅡ[亞非利加]란 ᄯᅡ히 잇ᄂᆞ니라.

[問] 아셔아(亞西亞) 동남(東南) 바다 밧긔 엇던 ᄯᅡ히 잇ᄂᆞ뇨.
[答] 오스틀렬랴[濠大利亞] ᄯᅡ히 잇ᄂᆞ니라.

[問] 도션(朝鮮) 동편(東便) 바다 밧긔 엇던 나라히 잇ᄂᆞ뇨.
[答] 일본국(日本國)이 잇ᄂᆞ니라.

[問] 됴션 북편(朝鮮北便)에 엇던 나라히 잇ᄂᆞ뇨.
[答] 아라사국(俄羅斯國)이 잇ᄂᆞ니라.

[問] 됴션 셔북간(朝鮮西北間)에 엇던 나라히 잇ᄂᆞ뇨.
[答] 청국(淸國)이 잇ᄂᆞ니라.

[問] 됴션 셔남(朝鮮西南)에와 동북(東北)에ᄂᆞᆫ 어ᄃᆡ가 되ᄂᆞ뇨.
[答] 태팡양(太平洋)이 되ᄂᆞ니라.

[問] 됴션 디방(朝鮮地方)이 몃 리(里)뇨.
[答] 남북(南北)은 삼쳔리(三千里)오, 동셔(東西)ᄂᆞᆫ 구ᄇᆡᆨ리(九百里)니라.

[問] 됴션(朝鮮)에 몃 도(道)가 잇ᄂᆞ뇨.
[答] 팔도(八道)가 잇ᄂᆞ니라.

[問] 동편(東便)에 무ᄉᆞᆷ 도(道)가 잇ᄂᆞ뇨.
[答] 강원도(江原道)가 잇ᄂᆞ니라.

[問] 셔편(西便)에 무ᄉᆞᆷ 도(道)가 잇ᄂᆞ뇨.
[答] 경긔도(京畿道)와 황ᄒᆡ도(黃海道)가 잇ᄂᆞ니라.

[問] 남편(南便)에 무ᄉᆞᆷ 도(道)가 잇ᄂᆞ뇨.
[答] 츙쳥도(忠淸道)와 젼라도(全羅道)가 잇ᄂᆞ니라.

[問] 동남편(東南便)에 무ᄉᆞᆷ 도(道)가 잇ᄂᆞ뇨.
[答] 경샹도(慶尙道)가 잇ᄂᆞ니라.

[問] 븍편(北便)에 무ᄉᆞᆷ 도(道)가 잇ᄂᆞ뇨.
[答] 함경도(咸鏡道)가 잇ᄂᆞ니라.

[問] 셔븍간(西北間)에 무ᄉᆞᆷ 도(道)가 잇ᄂᆞ뇨.
[答] 평안도(平安道)가 잇ᄂᆞ니라.

[問] 됴션(朝鮮)에 쥬산(主山)이 무ᄉᆞᆷ 산(山)이뇨.
[答] ᄇᆡᆨ두산(白頭山)이 쥬산(主山)이니라.

[問] ᄇᆡᆨ두산(白頭山)이 어ᄂᆞ 고을에 잇ᄂᆞ뇨.

[答] 함경도(咸鏡道) 무산(茂山) 고을에 잇ᄂᆞ니라.

[問] 됴션(朝鮮)에 무ᄉᆞᆷ 큰 못시 잇ᄂᆞ뇨.
[答] ᄇᆡᆨ두산(白頭山)에 대지(大池)가 잇ᄂᆞ니라.

[問] 그 못 쥬회(周廻)가 몃 리(里)뇨.
[答] 칠십리(七十里)되ᄂᆞ니라.

[問] 그 즁 산(山) 만흔 ᄃᆡ가 어ᄃᆡ뇨.
[答] 함경도(咸鏡道)와 강원도(江原道)니라.

[問] 감영(監營)이 무어시뇨.
[答] 감ᄉᆞ(監司) 잇ᄂᆞᆫ 영문(營門)이니라.

[問] 감ᄉᆞ(監司)가 무어ᄉᆞᆯ ᄒᆞᄂᆞ뇨.
[答] 각(各) 고을 원에 올히ᄒᆞ며 그ᄅᆞᆺᄒᆞᆷ을 ᄉᆞᆯ피고 ᄇᆡᆨ셩(百姓)을 다ᄉᆞ리ᄂᆞ니라.

[問] 영문(營門)이 무어시뇨.
[答] 군ᄉᆞ(軍士)와 ᄆᆞᆯ을 기ᄅᆞ고 병긔(兵器)ᄅᆞᆯ 다ᄉᆞ리ᄂᆞᆫ 곳시라.

[問] 원은 무어시뇨.
[答] 각(各) 고을에 잇ᄂᆞᆫ 관쟝(官長)이니 목ᄉᆞ(牧使)와 부사(府使)와 군슈(郡守)와 현감(縣監)이니라.

[問] 관쟝(官長)이 각각(各各) 무어ᄉᆞᆯ ᄒᆞᄂᆞ뇨.
[答] 나라 부셰(賦稅)ᄅᆞᆯ 밧아드리고 ᄇᆡᆨ셩(百姓)을 다ᄉᆞ리ᄂᆞ니라.

[問] 함경도(咸鏡道) 븍편(北便)에 잇는 강(江)이 무어시뇨.
[答] 두만강(豆滿江)이 잇ᄂᆞ니라.

[問] 두만강(豆滿江)이 어ᄃᆡ 물이 어ᄃᆡ로 흐르ᄂᆞ뇨.
[答] ᄇᆡᆨ두산(白頭山) 물이 강(江)이 되어 동ᄒᆡ(東海)로 흐르ᄂᆞ니라.

[問] 함경도(咸鏡道)에 무숨 포구(浦口) 잇ᄂᆞ뇨.
[答] 원산포(元山浦) 잇ᄉᆞ니 ᄀᆡ항(開港)ᄒᆞᆫ 포구(浦口)니라.

[問] 함경도(咸鏡道)에 감영(監營)이 어ᄂᆞ 고을에 잇ᄂᆞ뇨.
[答] 함흥부(咸興府)에 잇ᄂᆞ니라.

[問] 함흥(咸興)이 셔울셔 몃 리(里)뇨.
[答] 팔ᄇᆡᆨ열리[八百十里]니라.

[問] 함경도(咸鏡道) 병영(兵營)이 어ᄃᆡ 잇ᄂᆞ뇨.
[答] 븍쳥(北青) 고을에 병영(兵營)이 잇ᄂᆞ니라.

[問] 함경도(咸鏡道)에 고을이 몃치뇨.
[答] 이십ᄉᆞ읍(二十四邑)되ᄂᆞ니라.

[問] 함경도(咸鏡道) 소산(所産)이 무어시뇨.
[答] 립쌀은 귀(貴)ᄒᆞ고 셔쇽(黍粟)이 만흐며 뵈[麻布]와 모물(毛物)과 ᄉᆡᆼ션(生鮮)과 금(金)과 구리[赤銅]가 나ᄂᆞ니라.

[問] 함경도(咸鏡道)에 일홈난 곳이 어ᄃᆡ뇨.
[答] 경흥(慶興)에 젹디(赤池)와 [븕은 못] 안변(安邊)에 큰 호슈(湖水) 잇ᄂᆞ니 쥬회(周廻)가 삼십리(三十里)오, ᄉᆞ면(四面) ᄇᆡᆨ샤쟝(白沙

場)에 ᄒᆡ당화(海棠花) ᄀᆞ득ᄒᆞ니라.

[問] 함경도(咸鏡道)에 큰 령(嶺)이 몃치뇨.

[答] 마텬령(摩天嶺)과 마운령(摩雲嶺)과 함관령(咸關嶺)이 잇고 다른 령(嶺)도 만호니라.

[問] 강원도(江原道)에 무슴 산(山)이 잇ᄂᆞ뇨.

[答] 강릉(江陵) 고을에 오ᄃᆡ산(五臺山)과 회양(淮陽) 고을에 금강산(金剛山)이 잇ᄂᆞ니라.

[問] 강원도(江原道)에 무슴 강(江)이 잇ᄂᆞ뇨.

[答] 쇼양강(昭陽江)이 잇ᄂᆞ니라.

[問] 소양강(昭陽江)이 어ᄃᆡ셔 흐르ᄂᆞ뇨.

[答] 금강산(金剛山) 뒤희셔 흘너 한강(漢江)이 되ᄂᆞ니라.

[問] 강원도(江原道)에 감영(監營)이 어ᄂᆞ 고을에 잇ᄂᆞ뇨.

[答] 원쥬부(原州府)에 잇ᄂᆞ니라.

[問] 원쥬(原州)가 셔울셔 몃 리(里)뇨.

[答] 이ᄇᆡᆨᄉᆞ십리(二百四十里)되ᄂᆞ니라.

[問] 강원도(江原道)에 병슈영(兵水營)이 잇ᄂᆞ뇨.

[答] 산협(山峽)인 고로 병영(兵營)과 슈영(水營)이 업ᄂᆞ니라.

[問] 강원도(江原道)에 고을이 몃치뇨.

[答] 이십륙읍(二十六邑)되ᄂᆞ니라.

[問] 강원도(江原道)에 소산(所産)이 무어시뇨.

[答] 립쌀은 적고 셔쇽(黍粟)과 감ᄌᆞ(甘藷)와 ᄇᆡᆨ청(白淸)이 만흐며 모물(毛物)과 인삼(人蔘)과 담ᄇᆡ[淡巴姑]가 나ᄂᆞ니라.

[問] 강원도(江原道)에 무슴 셤이 잇ᄂᆞ뇨.

[答] 울릉도(鬱陵島)와 우산도(芋山島)란 큰 셤이 잇고 젹은 셤도 잇ᄂᆞ니라.

[問] 강원도(江原道)에 일홈난 곳이 어ᄃᆡ뇨.

[答] 금강산(金剛山)과 령동(嶺東)[대관령(大關嶺) 동편(東偏)니라] 아홉 고을에 각각(各各) 경치(景致)가 됴흐니라.

[問] 경샹도(慶尙道)에 감영(監營)이 어ᄂᆞ 고을에 잇ᄂᆞ뇨.

[答] 대구부(大邱府)에 잇ᄂᆞ니라.

[問] 경샹도(慶尙道)에 고을이 몃치뇨.

[答] 칠십일읍(七十一邑)되ᄂᆞ니라.

[問] 경샹도(慶尙道)에 병슈영(兵水營)이 몃치뇨.

[答] 울산 좌병영(蔚山左兵營)과 진쥬 우병영(晉州右兵營)과 동ᄅᆡ 슈영(東萊水營)과 고셩 통졔영(固城統制營)[통졔ᄉᆞ(統制師)가 잇셔 경샹(慶尙) 젼라(全羅) 츙청(忠淸) 삼도(三道) 슈군(水軍)을 거ᄂᆞ리니라]이 잇ᄂᆞ니라.

[問] 대구(大邱)가 셔울셔 몃 리(里)뇨.

[答] 륙ᄇᆡᆨ칠십리(六百七十里)니라.

[問] 경샹도(慶尙道)에 무슴 셤이 잇ᄂᆞ뇨.

[答] 남히(南海)셤과 거졔(巨濟) 셤이 잇고 젹은 셤도 만흐니라.

[問] 경샹도(慶尙道)에 소산(所産)이 무어시뇨.

[答] 오곡(五穀)과 목포(木布)와 슈졍(水晶)과 어물(魚物)과 실과(實果)와 금(金)과 구리[赤銅]가 나ᄂᆞ니라.

[問] 경샹도(慶尙道)에 일홈난 곳이 어ᄃᆡ뇨.

[答] 진쥬(晉州) 쵹셕루(矗石樓)와 밀양(密陽) 령남루(嶺南樓)와 의셩(義城) 빙암(氷巖)[산(山)이 놉고 고을이 깁허 녀름에도 어름이 잇ᄂᆞ니라]과 의흥(義興)풍혈(風穴)[깁흔 굴에셔 바름이 대단이 나오ᄂᆞ니라]이 잇ᄂᆞ니라.

[問] 젼라도(全羅道)에 무슴 산이 잇ᄂᆞ뇨.

[答] 젹샹산셩(赤裳山城)[무쥬(茂朱) 고을에 잇ᄉᆞ니 바위가 셩ᄀᆞᆺ치 되엿ᄂᆞ니라] 지리산(智異山)[구례(求禮) 고을]이 잇고 김만경(金萬頃) 큰 들이 [아홉 고을이 ᄒᆞᆫ 들에 잇ᄂᆞ니라] 잇ᄂᆞ니라.

[問] 젼라도(全羅道)에 무슴 강(江)이 잇ᄂᆞ뇨.

[答] 둑겁강[蟾津江]이 잇ᄉᆞ니 젼쥬(全州)셔 흘너 남히(南海)로 드러가ᄂᆞ니라.

[問] 젼라도(全羅道)에 무슴 포구(浦口) 잇ᄂᆞ뇨.

[答] 군산포(羣山浦)[옥구(沃溝) 고을]와 법셩포(法聖浦)[령광(靈光) 고을]가 잇고 젹은 포구(浦口)도 만흐니라.

[問] 젼라 감영(全羅監營)이 어ᄂᆞ 고을에 잇ᄂᆞ뇨.

[答] 젼쥬부(全州府)에 잇ᄂᆞ니라.

[問] 젼라도(全羅道)에 병슈영(兵水營)이 어ᄂᆞ 고을에 잇ᄂᆞ뇨.
[答] 강진 병영(江津 兵營)과 순쳔 좌슈영(順天 左水營)과 ᄒᆡ남 우슈영(海南 右水營)이 잇ᄂᆞ니라.

[問] 젼라도(全羅道)에 고을이 몃치뇨.
[答] 오십륙읍(五十六邑)이니라.

[問] 젼라도(全羅道)에 소산(所産)이 무어시뇨.
[答] 립빨과 쥭긔(竹器)와 ᄇᆡᆨ목(白木)과 칠긔(漆器)와 쥭렴(竹簾)과 붓ᄎᆡ와 망건(網巾)과 어물(魚物)과 소금과 죠의와 금(金)이 나ᄂᆞ니라.

[問] 젼라도(全羅道)에 무ᄉᆞᆷ 셤이 잇ᄂᆞ뇨.
[答] 졔쥬(濟州)란 큰 셤과 진도(珍島)란 셤과 젹은 셤도 만ᄒᆞ니라.

[問] 졔쥬(濟州)가 셔울셔 몃 리(里)나 되ᄂᆞ뇨.
[答] 륙디(陸地)가 쳔리(千里)오 슈로(水路)가 구ᄇᆡᆨ칠십리(九百七十里)되ᄂᆞ니라.

[問] 졔쥬(濟州)에 무ᄉᆞᆷ 산(山)이 잇ᄂᆞ뇨.
[答] 한라산(漢拏山)이란 큰 산(山)이 잇ᄂᆞ니라.

[問] 졔쥬(濟州)에 소산(所産)이 무어시뇨.
[答] 귤(橘)과 ᄆᆞᆯ[馬]과 어물(魚物)과 쥭긔(竹器)가 만히 나되 곡식(穀食)이 귀(貴)ᄒᆞ니라.

[問] 츙쳥도(忠淸道)에 무ᄉᆞᆷ 산(山)이 잇ᄂᆞ뇨.
[答] 계룡산(鷄龍山)[진잠(鎭岑) 고을]과 쇽리산(俗離山)[보은(報恩) 고을]과 다른 산(山)도 만히 잇ᄂᆞ니라.

[問] 츙청도(忠淸道)에 무슴 강(江)이 잇ᄂᆞ뇨.

[答] 금강(錦江)[공쥬(公州) 감영(監營)]과 ᄇᆡᆨ마강(白馬江)[부여(扶餘) 고을]이 잇ᄂᆞ니라.

[問] 금강(錦江)이 어ᄃᆡ셔 흐르ᄂᆞ뇨.

[答] 젼라도(全羅道) 마이산(馬耳山)[진안(鎭安) 고을] 물이 금강(錦江) 되여 ᄇᆡᆨ마강(白馬江)으로 통(通)ᄒᆞ여 셔ᄒᆡ(西海)로 흐ᄅᆞᄂᆞ니라.

[問] 츙청도(忠淸道)에 감영(監營)이 어ᄂᆞ 고을에 잇ᄂᆞ뇨.

[答] 공쥬부(公州府)에 잇ᄂᆞ니라.

[問] 츙청도(忠淸道)에 병슈영(兵水營)이 몃치뇨.

[答] 청쥬 병영(淸州 兵營)과 보령 슈영(保寧 水營)이 잇ᄂᆞ니라.

[問] 츙청도(忠淸道)에 고을이 몃치뇨.

[答] 오십ᄉᆞ읍(五十四邑)되ᄂᆞ니라.

[問] 츙청도(忠淸道)에 무슴 포구(浦口) 잇ᄂᆞ뇨.

[答] 강경(江鏡)[은진(恩津) 고을]이란 큰 포구(浦口) 잇고 젹은 포구(浦口)도 만흐니라.

[問] 츙청도(忠淸道)에 무슴 셤이 잇ᄂᆞ뇨.

[答] 안면도(安眠島)란 큰 셤이 잇고 젹은 셤도 만흐니라.

[問] 공쥬(公州)가 셔울셔 몃 리뇨.

[答] 삼ᄇᆡᆨ리(三百里)되ᄂᆞ니라.

[問] 츙청도(忠淸道)에 소산(所産)이 무어시뇨.

[答] 오곡(五穀)과 문영과 뵈[布]와 모시와 죠희와 ᄃᆡ쵸[大棗]가 나ᄂᆞ니라.

[問] 츙청도(忠淸道)에 일홈난 곳이 어ᄃᆡ뇨.

[答] 룡연(龍淵[진잠(鎭岑) 고을]과 의림지(義林池)[졔쳔(堤川) 고을]와 화양동(華陽洞)[청쥬(淸州) 고을]과 거복바외[龜巖][단양(丹陽) 고을]가 잇ᄂᆞ니라.

[問] 경긔도(京畿道)에 무슴 산(山)이 잇ᄂᆞ뇨.

[答] 삼각산(三角山)[경산(京山)] 오관산(五冠山)[송도(松都) 고을]과 관악산(冠岳山)[과쳔(果川) 고을]과 룡문산(龍門山)[양근(楊根) 고을]과 남한산셩(南漢山城)[광쥬(廣州) 고을]과 븍한산셩(北漢山城)[경산(京山)]이 잇ᄂᆞ니라.

[問] 경긔도(京畿道)에 무슴 강(江)이 잇ᄂᆞ뇨.

[答] 오강(五江)[한강(漢江), 룡산(龍山), 숨ᄀᆡ포[麻浦], 로돌[露梁], 셔강(西江)]이 잇고 또 림진강(臨津江)[파쥬(坡州) 고을]이 잇ᄂᆞ니라.

[問] 오강(五江)이 어ᄃᆡ셔 흐ᄅᆞᄂᆞ뇨.

[答] 츙청도(忠淸道) 쇽리산(俗離山) 물과 강원도(江原道) 오ᄃᆡ산(五臺山) 물과 금강산(金剛山) 물이 합(合)ᄒᆞ여 한강(漢江)이 되야 팔미도(八尾島)로 흐ᄅᆞᄂᆞ니라.

[問] 림진강(臨津江)은 어ᄃᆡ셔 흐ᄅᆞᄂᆞ뇨.

[答] 강원도(江原道) 텰령(鐵嶺)물이 합슈(合水)ᄒᆞ여 림진강(臨津江) 되야 셔ᄒᆡ(西海)로 흐ᄅᆞᄂᆞ니라.

[問] 남한산셩(南漢山城)과 븍한산셩(北漢山城)에 무어시 잇ᄂᆞ뇨.

[答] 남한산셩(南漢山城)은 광쥬(廣州) 읍닉(邑內)오, 쏘 총셥(摠攝)과 승군(僧軍)이 잇고, 븍한산셩(北漢山城)에도 총셥(摠攝)과 승군(僧軍)이 잇ᄂᆞ니라.

[問] 총셥(摠攝)이 무어시뇨.

[答] 승군(僧軍)을 거ᄂᆞ리고 산셩(山城)을 직희ᄂᆞᆫ 장슈(將帥)[즁의 벼ᄉᆞᆯ이라]니라.

[問] 경긔 감영(京畿監營)이 어ᄂᆞ 고을에 잇ᄂᆞ뇨.

[答] 양쥬(楊州) ᄯᅡ희 잇ᄂᆞ니라. [경긔 감영(京畿監營)이 셔울 새문밧긔 잇ᄉᆞ니 양쥬(楊州)에 붓친 ᄯᅡ희니라.]

[問] 경긔도(京畿道)에 병슈영(兵水營)이 잇ᄂᆞ뇨.

[答] 병영(兵營)은 본ᄃᆡ 업고 교동 슈영(喬桐水營)이 파(罷)ᄒᆞ엿ᄂᆞ니라.

[問] 경긔도(京畿道)에 류슈(留守)가 몃치뇨.

[答] 오도 류슈(五都留守)니라.

[問] 오도 류슈(五都 留守)가 어ᄂᆞ 고을에 잇ᄂᆞ뇨.

[答] 광쥬(廣州)와 슈원(水原)과 ᄀᆡ셩(開城)과 강화(江華)와 츈쳔(春川)이니라.

[問] 류슈(留守)가 무어ᄉᆞᆯ ᄒᆞᄂᆞ뇨.

[答] 감ᄉᆞ(監司)와 ᄀᆞᆺ흐나 ᄒᆡᆼ궁(行宮)과 셩(城)을 딕희여 보리(保釐)ᄒᆞᄂᆞ니라. [보리(保釐)ᄂᆞᆫ 편안이 다ᄉᆞ리ᄂᆞᆫ 것시라]

[問] 경긔도(京畿道)에 고을이 몃치뇨.

[答] 삼십륙읍(三十六邑)되ᄂᆞ니라.

[問] 경긔도(京畿道)에 무숨 포구(浦口) 잇ᄂᆞ뇨.

[答] 졔물포(濟物浦)[인천(仁川) ᄯᅡ] 잇ᄉᆞ니 ᄀᆡ항(開港)ᄒᆞᆫ 포구(浦口)요, 마산포(馬山浦)[남양(南陽)ᄯᅡ]와 문산포(文山浦)[파주(坡州)ᄯᅡ]가 잇고 적은 포구(浦口)도 만흐니라.

[問] 경긔도(京畿道)에 소산(所産)이 무어시뇨.

[答] 오곡(五穀)과 인삼(人蔘)과 사긔(砂器)와 각ᄉᆡᆨ(各色) 실과(實果)와 어렴(魚鹽)이 나ᄂᆞ니라.

[問] 경긔도(京畿道)에 무숨 셤이 잇ᄂᆞ뇨.

[答] 강화(江華)란 큰 셤과 교동(喬桐) 셤과 적은 셤이 만히 잇ᄂᆞ니라.

[問] 강화(江華)에 무숨 산(山)이 잇ᄂᆞ뇨.

[答] 마리산(摩尼山)과 뎡족산셩(鼎足山城)이 잇ᄂᆞ니라.

[問] 강화 디방(江華地方)이 몃 리(里)뇨.

[答] 기리ᄂᆞᆫ 칠십리(七十里)오 넓이ᄂᆞᆫ 삼십리(三十里)니라.

[問] 강화(江華)에 소산(所産)이 무어시뇨.

[答] 오곡(五穀)과 실과(實果)와 어렴(魚鹽)과 ᄌᆞ리[문셕(紋席)]가 나ᄂᆞ니라.

[問] 강화(江華)가 셔울셔 몃 리(里)뇨.

[答] 일ᄇᆡᆨ이십리(一百二十里)니라.

[問] 황ᄒᆡ도(黃海道)에 무숨 산(山)이 잇ᄂᆞ뇨.

[答] 슈양산(首陽山)[ᄒᆡ쥬(海州) ᄯᅡ]과 구월산(九月山)[문화(文化) ᄯᅡ]이 잇고 다른 산도 만흐니라.

[問] 황히도(黃海道)에 무숨 강(江)이 잇ᄂᆞ뇨.
[答] 월당강(月當江)과 후셔강(後西江)이 잇ᄂᆞ니라.

[問] 후셔강(後西江)이 어ᄃᆡ셔 흐ᄅᆞᄂᆞ뇨.
[答] 언진산(彦鎭山)[슈안(遂安) ᄯᅡ] 아래셔 흘너 연평[迎平] 바다로 드러가ᄂᆞ니라.

[問] 황히 감영(黃海監營)이 어ᄂᆞ 고을에 잇ᄂᆞ뇨.
[答] 히쥬부(海州府)에 잇ᄂᆞ니라.

[問] 황히도(黃海道)에 병슈영(兵水營)이 몃치뇨.
[答] 황쥬 병영(黃州兵營)과 옹진 슈영(甕津 水營)이 잇ᄂᆞ니라.

[問] 황히도(黃海道)에 고을이 몃치뇨.
[答] 이십삼읍(二十三邑)되ᄂᆞ니라.

[問] 히쥬(海州)가 셔울셔 몃 리뇨.
[答] 삼빅팔십리(三百八十里)니라.

[問] 황히도(黃海道)에 무숨 셤이 잇ᄂᆞ뇨.
[答] 빅셩(白翎) 셤과 연평(延平) 셤이 잇고 적은 셤도 만흐니라.

[問] 황히도(黃海道)에 무숨 포구(浦口) 잇ᄂᆞ뇨.
[答] 라진포(羅津浦)[연안(延安)]가 잇고 적은 포구(浦口)도 만흐니라.

[問] 황히도(黃海道)에 소산(所産)이 무어시뇨.
[答] 립빨은 적고 잡곡(雜穀)이 만흐며 담비(淡巴姑)와 슉디황(熟地黃)과 검금(黔金)이 나ᄂᆞ니라.

[問] 황히도(黃海道)에 일홈난 곳이 어딕뇨.

[答] 월파루(月波樓)[황쥬(黃州) 고을]와 부용당(芙蓉堂)[히쥬(海州) 고을]과 와룡지(臥龍池)[연안(延安) 고을]와 연지(蓮池)[장련(長連) 고을에 잇는 못]와 빅사뎡(白沙汀)[장연(長淵) 싸에 명사십리(明沙十里)]이 잇ᄂᆞ니라.

[問] 평안도(平安道)에 무숨 산이 잇ᄂᆞ뇨.

[答] 묘향산(妙香山)[영변(寧邊) 고을]과 구룡산(九龍山)[평양(平壤) 고을]과 룡골산(龍骨山)[용천(龍川) 싸]이 잇고 다른 산(山)도 만ᄒᆞ니라.

[問] 평안도(平安道)에 무숨 강(江)이 잇ᄂᆞ뇨.

[答] 대동강(大同江)[평양(平壤) 고을]과 불류강(沸流江)[셩천(成川) 싸]과 웅셩강(熊成江)[삼등(三登) 고을]과 압록강(鴨綠江)[의쥬(義州) 싸]이 잇ᄂᆞ니라.

[問] 대동강(大同江)이 어ᄃᆡ셔 흐르ᄂᆞ뇨.

[答] 함경도(咸鏡道) 물은 불류강(沸流江)되고 황히도(黃海道) 물은 웅셩강(熊成江)되여 대동강(大同江)의 합(合)ᄒᆞ여 결향히(決梁海)로 흐르ᄂᆞ니라.

[問] 압록강(鴨綠江)은 어ᄃᆡ셔 흐르ᄂᆞ뇨.

[答] 함경도(咸鏡道) 빅두산(白頭山) 셔편(西便) 물이 혼돈강(混沌江)[장진(長津) 싸] 되어 압록강(鴨綠江)으로 통(通)ᄒᆞ여 셔히(西海)로 흐르ᄂᆞ니라.

[問] 압록강(鴨綠江) 건너가 어ᄃᆡ뇨.

[答] 구련셩(九連城)이니 청국(淸國) 건쥬(建州) 싸히 되ᄂᆞ니라.

[問] 평안도(平安道)에 감영(監營)이 어ᄂᆞ 고을에 잇ᄂᆞ뇨.

[答] 평양부(平壤府)에 잇ᄂᆞ니라.

[問] 평안도(平安道)에 병슈영(兵水營)이 몃치뇨.

[答] 안쥬 병영(安州兵營)이 잇고 슈영(水營)은 업ᄂᆞ니라.

[問] 평안도(平安道)에 고을이 몃치뇨.

[答] ᄉᆞ십ᄉᆞ읍(四十四邑)되ᄂᆞ니라.

[問] 평양(平壤)이 셔울셔 몃 리뇨.

[答] 오ᄇᆡᆨ오십리(五百五十里)니라.

[問] 평안도(平安道)에 무ᄉᆞᆷ 셤이 잇ᄂᆞ뇨.

[答] 신미도(新尾島)와 셕골도(石骨島)란 큰 셤이 잇고 적은 셤도 만흐니라.

[問] 평안도(平安道)에 소산(所産)이 무어시뇨.

[答] 립ᄡᆞᆯ은 적고 잡곡(雜穀)이 만호며 면쥬(綿紬)와 담ᄇᆡ(淡巴姑)와 옥돌(玉)과 금(金)과 인삼(人蔘)과 셕탄(石炭)이 나ᄂᆞ니라.

[問] 평안도(平安道)에 일홈난 곳이 어ᄃᆡ뇨.

[答] 련광뎡(練光亭)[평양(平壤)]과 부벽루(浮碧樓)[평양(平壤)]와 약산 동ᄃᆡ(藥山東臺)[녕변(寧邊) ᄯᆞ]와 통군뎡(統軍亭)[의쥬(義州)]이 잇ᄂᆞ니라.

[問] 됴션 팔도(朝鮮八道)에 인구수(人口數)가 얼마나 되ᄂᆞ뇨.

[答] 륙죠(六兆) 오억(五億) 여(餘) 만(萬) 명(名)되ᄂᆞ니라.[1)]

[問] 청국(淸國)이 어듸 잇ᄂᆞ뇨.
[答] 아셰아(亞西亞) 동편(東偏)에 잇ᄂᆞ니라.

[問] 청국(淸國) 셔울 일홈이 무어시뇨.
[答] 븍경(北京)이라 ᄒᆞᄂᆞ니라.

[問] 청국(淸國)에 몃 도가 잇ᄂᆞ뇨.
[答] 이십삼 셩(二十三省)이 잇ᄂᆞ니라.

[問] 청국(淸國)에 무숨 산(山)이 잇ᄂᆞ뇨.
[答] 곤륜산(崑崙山)이란 큰 산(山)이 잇고 다른 산도 마흐니라.

[問] 청국(淸國)에 무숨 강(江)이 잇ᄂᆞ뇨.
[答] 두 큰 강(江)이 잇ᄉᆞ니 ᄒᆞ나흔 황하슈(黃河水)이오 ᄒᆞ나흔 양ᄌᆞ강(楊子江)이니라.

[問] 청국(淸國)에 항구(港口)[기항(開港)ᄒᆞᆫ 포구(浦口)]가 잇ᄂᆞ뇨.
[答] 여러 항구(港口) 잇ᄂᆞ니라.

[問] 청국(淸國)에 무숨 호슈(湖水)가 잇ᄂᆞ뇨.
[答] 두 큰 호슈(湖水)[물 만이 모인 곳시오 못보다 큰 듸라] 잇ᄉᆞ니 ᄒᆞ나흔 동졍호(洞庭湖)요 ᄒᆞ나흔 핑려호(彭蠡湖)니라.

[問] 청국(淸國)에 소산(所産)이 무어시뇨.
[答] 립ᄊᆞᆯ과 차(茶)와 금(金)과 옥(玉)과 비단[緞]과 각ᄉᆡᆨ(各色) 보ᄑᆡ(寶貝) 만흐니라.

---

1) 이 시기 '조', '억'의 개념이 현대와 다름.

[問] 청국(淸國)에 인구수(人口數)가 얼마나 되ᄂᆞ뇨.
[答] 대강(大綱) ᄉᆞᄇᆡᆨ죠(四百兆) 인구(人口)되ᄂᆞ니라.

[問] 일본국(日本國) 디형(地形)이 엇더ᄒᆞ뇨.
[答] 큰 셤이 셋시오 적은 셤도 만흐니라.[2)]

[問] 일본 셔울 일홈이 무어시뇨.
[答] 동경(東京)이라 ᄒᆞᄂᆞ니라.

[問] 일본(日本)에 항구(港口)가 몃치뇨.
[答] 세 큰 항구(港口) 잇ᄉᆞ니 ᄒᆞ나흔 요고하마[橫濱]요 ᄒᆞ나흔 ᄭᅩᄇᆡ[神戶]요 ᄒᆞ나흔 나가사기니[長崎]요 ᄯᅩ 하고다데[函 館]와 니가다[新瀉]란 두 항구(港口)가 잇ᄂᆞ니라.

[問] 일본(日本)에 소산(所産)이 무어시뇨.
[答] 곡식(穀食)과 셕탄(石炭)과 ᄉᆡᆼᄉᆞ(生絲)와 단쇽(緞屬)과 미슐품(美術品)과 어물(魚物)이 나ᄂᆞ니라.

[問] 일본(日本)에 경개(景槪)가 엇더ᄒᆞ뇨.
[答] 일본(日本)이 셤 즁인 고로 각ᄉᆡᆨ(各色) 초목(草木)이 무셩(茂盛)ᄒᆞ고 아ᄅᆞᆷ다온 산쳔(山川)이 만흐니라.

[問] 인도국(印度國)이 어ᄃᆡ 잇ᄂᆞ뇨.
[答] 아셔아(亞西亞) 남편(南偏)에 잇ᄂᆞ니라.

[問] 인도국(印度國) 셔울 일홈이 무어신고.

---

2) 일본의 섬: 큰 섬 3개로 구성되었다고 진술함.

[答] 갈갓다(葛葩多)[3]라 ᄒᆞᄂᆞ니라.

[問] 인도국(印度國)에 무숨 유명(有名)ᄒᆞᆫ 강(江)이 잇ᄂᆞ뇨.

[答] 깐지쓰(干支斯)[4]란 강(江)이 잇ᄉᆞ되 ᄇᆡᆨ셩(百姓)이 위ᄒᆞ여 졔ᄉᆞ(祭祀)를 지내고 아히(兒孩)를 졔물(祭物)을 ᄆᆡᆫᄃᆞ러 그 강(江)에 넛ᄂᆞ니라.

[問] 인도국(印度國)에 소산(所産)이 무어시뇨.

[答] 립쌀과 아편(鴉片)과 쪽과 각ᄉᆡᆨ(各色) 실과(實果)와 금(金)과 구리[赤銅]와 쇠[鐵]가 나ᄂᆞ니라.

[問] 인도국(印度國)에 인구수(人口數)가 얼마나 되ᄂᆞ뇨.

[答] 대강(大綱) 이ᄇᆡᆨ죠(二百兆) 인명(人名)되ᄂᆞ니라.

[問] 인도국(印度國) ᄇᆡᆨ셩(百姓)의 픔수(品數)가 네 가지로 ᄂᆞᆫ홈이 엇더ᄒᆞ뇨.[5]

[答] 서로 혼인(婚姻)ᄒᆞ지 아니ᄒᆞ고 음식9飮食)과 거쳐(居處)를 ᄀᆞᆺ치 ᄒᆞ지 아니ᄒᆞᄂᆞ니라.

[問] 불도(佛道)가 어ᄃᆡ셔 시작(始作)ᄒᆞ엿ᄂᆞ뇨.

[答] 인도국(印度國)애셔 시작(始作)ᄒᆞ여 아셔아(亞西亞) 동편(東偏) 나라에 젼(傳)ᄒᆞ엿ᄂᆞ니라.

[問] 아셔아(亞西亞) 셔편(西偏) 븍편(北偏)에 엇던 나라히 잇ᄂᆞ뇨.

---

3) 갈갓다(葛葩多): 캘커타의 음차 표기.

4) 깐지쓰(干支斯): 갠지스 강 음차 표기. 인도 풍속을 부정적으로 서술.

5) 인도의 계급 구조.

[答] 아라사국(俄羅斯國) ᄯᅡ히 잇ᄂᆞ니라.

[問] 녯날 유다국(猶太國)이 어ᄃᆡ 잇섯ᄂᆞ뇨.
[答] 아셔아(亞西亞) 셔편(西偏)에 잇섯ᄂᆞ니라.

[問] 유다국(猶太國)이 엇지ᄒᆞ여 업서졋ᄂᆞ뇨.
[答] 유롭프(歐羅巴) 남편(南便)에 로마[羅馬]란 나라의 멸(滅)ᄒᆞᆷ되엿ᄂᆞ니라.

[問] 야소교(耶蘇敎)가 엇던 나라에셔 왓ᄂᆞ뇨.
[答] 유다국(猶太國)에셔 시작(始作)ᄒᆞ여 텬하만국(天下萬國)에 젼(傳)ᄒᆞ엿ᄂᆞ니라.

[問] 아프리ᄭᅡ[亞非利加] 서편(西偏)에 무ᄉᆞᆷ 대양(大洋)이 잇ᄂᆞ뇨.
[答] 대셔양(大西洋)이 잇ᄂᆞ니라.

[問] 아프리ᄭᅡ[亞非利加] 동북간(東北間)에 엇던 나라히 잇ᄂᆞ뇨.
[答] 예지부도[埃及][6]란 나라히 잇ᄂᆞ니라.

[問] 녯날 예지부도[埃及]란 나라에셔 엇던 사ᄅᆞᆷ들이 종노릇ᄒᆞ엿ᄂᆞ뇨.
[答] 이스레일[尼塞列][7] 사ᄅᆞᆷ의 죠상(祖上)이 종노릇ᄒᆞ엿ᄂᆞ니라.

[問] 예지부도[埃及]와 아셔아(亞西亞) ᄉᆞ이에 무ᄉᆞᆷ 유명(有名)ᄒᆞᆫ 바다가 잇ᄂᆞ뇨.
[答] 홍ᄒᆡ(紅海)란 바다가 잇ᄂᆞ니라.

---

6) 예지부도[埃及]: 이집트.

7) 이스레일[尼塞列]: 이스라엘. 니색렬(尼塞列)로 차자 표기함.

[問] 홍ᄒᆡ(紅海)에 무ᄉᆞᆷ 유명(有名)ᄒᆞᆫ 일이 잇셔ᄂᆞ뇨.

[答] 이스레일[尼塞列] 사ᄅᆞᆷ의 조샹(祖上)이 예지부도[埃及]에셔 ᄯᅥ날 ᄯᆡ에 예지부도[埃及] 사ᄅᆞᆷ들이 급ᄒᆞ게 잡으랴고 ᄶᅩᆺ칠ᄉᆡ 하ᄂᆞ님이 도으샤 바다가 ᄭᅳᆫ허져 륙디(陸地)가 되엿ᄂᆞ니라.

[問] 아프리ᄭᅡ[亞非利加] 븍편(北偏)에 엇던 ᄯᅡ히 잇ᄂᆞ뇨.

[答] 적은 나라히 넷시오 그 밧긔 아프리빠[亞非利加] ᄯᅡ흔 만흐되 야인(野人)들이 만히 잇ᄂᆞ니라.

[問] 유롭프[歐羅巴] 디방(地方)에 나라가 몃치뇨.

[答] 십구(十九) 나라히니 그 즁에 영국(英國)과 덕국(德國)과 법국(法國)과 아라사국(俄羅斯國)이 뎨일(第一)이니라.

[問] 영국(英國) 셔울 일홈이 무어시뇨.

[答] 론던[倫敦]이라 ᄒᆞᄂᆞ니라.

[問] 론던[倫敦]은 엇던 ᄯᅡ이뇨.

[答] 셰계 즁(世界中) 뎨일(第一) 큰 도부(都府)라. 샹업(商業)으로 텬하(天下) 즁심(中心)이 되고 인구(人口) ᄉᆞᄇᆡᆨ여만(四百餘萬)이 잇다 ᄒᆞᄂᆞ니라.

[問] 영국(英國)의 소산(所産)이 무어시뇨.

[答] 쳘(鐵)과 쳘긔(鐵器)와 셕탄(石炭)과 비단 문영 등물(等物)과 기여(其餘) 원갓 공예 믈건(工藝物件)이 만타 ᄒᆞᄂᆞ니라.

[問] 우리 ᄡᅳᄂᆞᆫ 양목(洋木)은 영국 소산(英國 所産)이라 ᄒᆞ니 그러ᄒᆞ뇨.

[答] 영국(英國) 만졔스다[8]에셔 ᄧᆡᄂᆞᆫ 거시니라.

[問] 법국(法國) 셔울 일홈이 무어시뇨.
[答] 파리(巴里)라 ᄒᆞᄂᆞ이라.

[問] 파리(巴里)ᄂᆞᆫ 엇더ᄒᆞᆫ ᄯᅡ이뇨.
[答] 샹업(商業)과 인구(人口) 만키ᄂᆞᆫ 론던[倫敦]만 못ᄒᆞ나 장엄미려(壯嚴美麗)로 우ᄂᆡ(宇內) 뎨일(第一)이라. 각국(各國)의셔 유람(遊覽)ᄒᆞᄂᆞᆫ 자(者) 만흐니라.

[問] 법국(法國)의 소산(所産)이 무어시뇨.
[答] 비단(緞)과 자긔(磁器)와 미쥬(美酒)가 뎨일(第一)이라 ᄒᆞᄂᆞ니라.

[問] 덕국(德國) 셔울 일홈이 무어시뇨.
[答] ᄇᆡᆨ림(伯林)이라 ᄒᆞᄂᆞ니라.

[問] 아ᄅᆞᄉᆞ국(俄羅斯國) 셔울 일홈이 무어시뇨.
[答] 션도비다스버릉[성비득보(聖比得堡)][9]이라 ᄒᆞᄂᆞ니라.

[問] 유롭프[歐羅巴] 븍편(北偏)에 엇던 대양(大洋)이 잇ᄂᆞ뇨.
[答] 븍빙양(北氷洋)이 잇ᄂᆞ니라.

[問] 유롭프[歐羅巴] 셔편(西偏)에 엇던 대양(大洋)이 잇ᄂᆞ뇨.
[答] 대셔양(大西洋)이 잇ᄂᆞ니라.

[問] 남아미리ᄭᅡ[南亞米利加] 동편(東偏)에 엇던 대양(大洋)이 잇ᄂᆞ뇨.
[答] 대셔양(大西洋)이 잇ᄂᆞ니라.

---

8) 만졔스다: 맨체스터.

9) 션도비다스버릉[성비득보(聖比得堡)]: 상트페테르부르크.

[問] 남아미리ᄭᅡ[南亞米利加] 셔편(西偏)에 엇던 대양(大洋)이 잇ᄂᆞ뇨.
[答] 태평양(太平洋)이 잇ᄂᆞ니라.

[問] 븍아미리ᄭᅡ[北亞米利加]에 나라히 몃치뇨.
[答] 칠국(七國)이 잇고 ᄯᅩ 영국(英國)에 붓친 ᄯᅡ히 만ᄒᆞ니라.

[問] 그 즁(中)에 엇던 나라히 뎨일(第一)이뇨.
[答] 미국(美國)이 뎨일(第一)이니라.

[問] 븍아미리ᄭᅡ[北亞米利加] 븍편(北偏)에 엇던 대양(大洋)이 잇ᄂᆞ뇨.
[答] 븍빙양(北氷洋)이 잇ᄂᆞ니라.

[問] 오스를렬랴[澳大利亞] 디방(地方)이 엇던 나라에 붓쳣ᄂᆞ뇨.
[答] 영국(英國)에 붓치엿ᄂᆞ니라.

[問] 텬하국각(天下各國)에 칩고 더운 거시 엇더ᄒᆞ뇨.
[答] 디구 가운ᄃᆡ가 뎨일(第一) 더웁고 디구(地璆) 남븍(南北) ᄭᅳᆺ치 치우니라. [디구(地璆) 가온ᄃᆡᄂᆞᆫ 젹도(赤道)가 갓가온고로 더웁고 남븍(南北) ᄭᅳᆺ 디방(地方)은 젹도(赤道)가 먼 고로 치우니라.]

[問] 그 즁(中) 치운 ᄯᅡ희 사ᄂᆞᆫ 사ᄅᆞᆷ들이 음식(飮食)과 거쳐(居處)ᄅᆞᆯ 엇지 ᄒᆞᄂᆞ뇨.
[答] 어름집 짓고 즘승 잡아먹고 그 가족의로 옷ᄒᆞ여 닙ᄂᆞ니라.

[問] 텬하만국(天下萬國) 사ᄅᆞᆷ들 모양(貌樣)과 빗치 엇더ᄒᆞ뇨.
[答] 오ᄉᆡᆨ(五色)이니 아셔아(亞西亞) 동편(東偏)은 누ᄅᆞᆫ 빗치요, 아셔아(亞西亞) 남(南)과 여러 셤은 경향빗치요, 아프리ᄭᅡ[亞非利加]ᄂᆞᆫ 검은 빗치요, 유롭프[歐羅巴]ᄂᆞᆫ 흰빗치요, 븍아미리ᄭᅡ[北亞米

利加]ᄂᆞᆫ 븕근 빗치니라. [븍아미리까[北亞米利加] 디방(地方)에 지금(至今)은 각쳐(各處) 사ᄅᆞᆷ들이 사ᄂᆞᆫ 고로 븕근 빗 사ᄅᆞᆷ만 잇지 아니ᄒᆞ니라.

〈디구략론 종(地璆略論 終)〉

地璆略論
(원전)
학부 편찬

地璆略論
全

디구(地球)략론(略論)

問 디구(地球)가무숨모양(貌樣)이뇨 答 답(答)둥근모양(貌樣)이니라

問 디구(地球)가안졍(安靜)(움ᄌᆞᆨ이지안는형용)ᄒᆞᄂᆞ뇨 答 답(答)디구(地球)가날마다ᄒᆞᆫ번식도ᄂᆞ니라

問 디구(地球)가돌면엇지되ᄂᆞ뇨 答 답(答)낫(晝)과밤(夜)이되ᄂᆞ니라

問 엇지ᄒᆞ여낫(晝)과밤(夜)이되ᄂᆞ뇨 答 답(答)ᄃᆞ히히롤디(對)ᄒᆞ면낫(晝)이되고히롤등지면밤(夜)이되ᄂᆞ니라

問 쥬회(周廻)가얼마나되ᄂᆞ뇨 答 답(答)칠만오천리(七萬五千里)되ᄂᆞ니라

問 디구(地球)우희무어시잇ᄂᆞ뇨 答 답(答)물(水)과흙(陸)이잇ᄂᆞ니라

問 흙(陸)이만흐뇨물(水)이만흐뇨 答 답(答)물(水)은삼분지이(三分之二)오흙(陸)

地璆略論

은삼분(三分之一)지일이니물이만ᄒᆞ니라

問 물만히모힌ᄃᆡ가무어시뇨 (거) 答 답대양(大洋)이라ᄒᆞᄂᆞ니
라

問 대양(大洋)이몃치나되ᄂᆞ뇨 (도) 答 답다ᄉᆞᆺ시니라

問 닐ᄏᆞ롬무어시뇨 (더) 答 답태평양(太平洋)과대셔양(大西洋)과인도양(印度洋)
과븍빙양(北氷洋)과남빙양(南氷洋)이니라

問 다ᄉᆞᆺ대양즁(大洋中)에어ᄃᆡ가뎨(第一)일크뇨 (너) 答 답태평양(太平洋)이뎨(第)
一일크니라

問 태평양(太平洋)이넓기가몃리(里)뇨 (주) 答 답이만ᄉᆞ천(二萬四千里)리되ᄂᆞ니라

問 길이ᄂᆞᆫ몃리(里)뇨 (지) 答 답이만칠천(二萬七千里)리되ᄂᆞ니라

問 물가온ᄃᆡ잇는ᄯᅡ히무어시뇨 ○答답셤이니라

問 디구(地球)가몃디방(地方)에분별(分別)되엿ᄂᆞ뇨 ○答답여ᄉᆞᆺ세분별(分別)되엿ᄂᆞ니라

問 디방(地方)일홈이무어시뇨 ○答답아셔아(亞西亞)와유롭프(歐羅巴)와아프리까(亞非利加)와오스트렐랴(澳大利亞)와남아미리까(南亞米利加)와북아미리까(北亞米利加)니라

問 동편(東偏)에는엇던디방(地方)이잇ᄂᆞ뇨 ○答답아셔아(亞西亞)와유롭프(歐羅巴)와아프리까(亞非利加)와오스트렐랴(澳大利亞)니라

問 셔편(西偏)에는엇던디방(地方)이잇ᄂᆞ뇨 ○答답남아미리까(南亞米利加)와북아미리까(北亞米利加)니라

地璆略論

問 여ᄉᆞᆺ디방(地方)즁(中)에엇던디방(地方)이크뇨 ○답(答)아셰아(亞西亞)가크니라

問 여ᄉᆞᆺ디방(地方)즁(中)에엇던디방(地方)이젹으뇨 ○답(答)오스트렬랴(澳大利亞)가젹으니라

問 ᄯᅡ깁흔ᄃᆡ모히ᄂᆞᆫ물이무어시라ᄒᆞᄂᆞ뇨 ○답(答)못시라ᄒᆞᄂᆞ니라

問 물만히흘너가ᄂᆞᆫᄃᆡ롤무어시라ᄒᆞᄂᆞ뇨 ○답(答)강(江)이라ᄒᆞᄂᆞ니라

問 또션국(朝鮮國)이엇던ᄯᅡ에잇ᄂᆞ뇨 ○답(答)아셰아(亞西亞)ᄯᅡ동편(東偏)에잇ᄂᆞ니라

아셰아동편(亞西亞東偏)에엇던대양(大洋)이잇ᄂᆞ뇨 ○ 답(答)태평양(太平洋)이란바다가잇ᄂᆞ니라

아셰아남편(亞西亞南偏)에엇던대양(大洋)이잇ᄂᆞ뇨 ○ 답(答)인도양(印度洋)이란바다가잇ᄂᆞ니라

아셰아븍편(亞西亞北偏)에엇던대양(大洋)이잇ᄂᆞ뇨 ○ 답(答)븍빙양(北氷洋)이란바다가잇ᄂᆞ니라

아셰아셔편(亞西亞西偏)에엇던ᄯᅡ히잇ᄂᆞ뇨 ○ 답(答)유롭프(歐羅巴)란ᄯᅡ히잇ᄂᆞ니라

아셰아셔남간(亞西亞西南間)에엇던ᄯᅡ히잇ᄂᆞ뇨 ○ 답(答)아프리가(亞非利加)란ᄯᅡ히잇ᄂᆞ니라

地璆略論

問 아셔아동남바다밧긔엇던ᄯᅡ히잇ᄂᆞ뇨 ○ 답오스트렐라ᄯᅡ히잇ᄂᆞ니라

問 됴션동편바다밧긔엇던나라히잇ᄂᆞ뇨 ○ 답일본국이잇ᄂᆞ니라

問 됴션북편에엇던나라히잇ᄂᆞ뇨 ○ 답아라사국이잇ᄂᆞ니라

問 됴션셔북간에엇던나라히잇ᄂᆞ뇨 ○ 답청국이잇ᄂᆞ니라

問 됴션셔남에와동북에ᄂᆞᆫ어ᄃᆡ가되ᄂᆞ뇨 ○ 답태평양이되ᄂᆞ니라

問 됴션(朝鮮)디방(地方)이몃리(里)뇨 ◯ 답(答)남븍(南北)은삼쳔리(三千里)오동셔(東西)는
구백리(九百里)니라

問 됴션(朝鮮)에몃도(道)가잇ᄂᆞ뇨 ◯ 답(答)팔도(八道)가잇ᄂᆞ니라

問 동편(東偏)에무ᄉᆞᆷ도(道)가잇ᄂᆞ뇨 ◯ 답(答)강원도(江原道)가잇ᄂᆞ니라

問 셔편(西偏)에무ᄉᆞᆷ도(道)가잇ᄂᆞ뇨 ◯ 답(答)경긔도(京畿道)와황해도(黃海道)가
잇ᄂᆞ니라

問 남편(南偏)에무ᄉᆞᆷ도(道)가잇ᄂᆞ뇨 ◯ 답(答)츙쳥도(忠淸道)와젼라도(全羅道)가
잇ᄂᆞ니라

問 동남편(東南偏)에무ᄉᆞᆷ도(道)가잇ᄂᆞ뇨 ◯ 답(答)경상도(慶尙道)가잇ᄂᆞ니
라

四

問 븍편(北偏)에무슴도(道)가잇ᄂᆞ뇨 ○답(答)함경도(咸鏡道)가잇ᄂᆞ니라

問 셔븍간(西北間)에무슴도(道)가잇ᄂᆞ뇨 ○답(答)평안도(平安道)가잇ᄂᆞ니라

問 됴션(朝鮮)에쥬산(主山)이무슴산(山)이뇨 ○답(答)ᄇᆡᆨ두산(白頭山)이쥬산(主山)이니라

問 ᄇᆡᆨ두산(白頭山)이어ᄂᆞ고을에잇ᄂᆞ뇨 ○답(答)함경도(咸鏡道)무산(茂山)고을에잇ᄂᆞ니라

問 됴션(朝鮮)에무슴큰못시잇ᄂᆞ뇨 ○답(答)ᄇᆡᆨ두산(白頭山)에대지(大池)가잇ᄂᆞ니라

問 그못쥬회(周廻)가몃리(里)뇨 ○답(答)칠십리(七十里)되ᄂᆞ니라

問 그즁산(山)만흔ᄃᆡ가어ᄃᆡ뇨 ○답(答)함경도(咸鏡道)와강원도(江原道)니라

問 감영(監營)이무어시뇨 ○답(答)감ᄉᆞ(監司)잇ᄂᆞᆫ영문(營門)이니라

問 감ᄉᆞ(監司)가무어ᄉᆞᆯᄒᆞᄂᆞ뇨 ○답(答)각(各)고을원에올히ᄒᆞ며그릇ᄒᆞᆷ을ᄉᆞᆯ피고ᄇᆡᆨ셩(百姓)을다ᄉᆞ리ᄂᆞ니라

問 영문(營門)이무어시뇨 ○답(答)군ᄉᆞ(軍士)와몰을기르고병긔(兵器)를다ᄉᆞ리ᄂᆞᆫ곳시라

問 원은무어시뇨 ○답(答)각(各)고을에잇ᄂᆞᆫ관쟝(官長)이니목ᄉᆞ(牧使)와부ᄉᆞ(府使)와군슈(郡守)와현령(縣令)과현감(縣監)이니라

問 관쟝(官長)이각각(各各)무어ᄉᆞᆯᄒᆞᄂᆞ뇨 ○답(答)나라부세(賦稅)를밧아

五

드리고 빅셩(百姓)을 다ᄉᆞ리ᄂᆞ니라

問 함경도(咸鏡道) 븍편(北偏)에 잇ᄂᆞᆫ 강(江)이 무어시뇨 ○답(答) 두만강(豆滿江)이 잇ᄂᆞ니라

問 두만강(豆滿江)이 어ᄃᆡ 물이 어ᄃᆡ로 흐르ᄂᆞ뇨 ○답(答) ᄇᆡᆨ두산(白頭山) 물이 강(江)되여 동ᄒᆡ(東海)로 흐르ᄂᆞ니라

問 함경도(咸鏡道)에 무ᄉᆞᆷ 포구(浦口) 잇ᄂᆞ뇨 ○답(答) 원산포(元山浦) 잇ᄉᆞ니 개(開)항(港)ᄒᆞᆫ 포구(浦口)니라

問 함경도(咸鏡道)에 감영(監營)이 어ᄂᆞ 고을에 잇ᄂᆞ뇨 ○답(答) 함흥부(咸興府)에 잇ᄂᆞ니라

問 함흥(咸興)이 셔울셔 몃리(里)뇨 ○답(答) 팔ᄇᆡᆨ열리(八百十里)니라

문 함경도(咸鏡道)병영(兵營)이어ᄃᆡ잇ᄂᆞ뇨 ○답(答)븍쳥(北靑)고을에병영(兵營)이잇ᄂᆞ니라

문 함경도(咸鏡道)에고을이몃치뇨 ○답(答)이십ᄉᆞ읍(二十四邑)되ᄂᆞ니라

문 함경도소산(咸鏡道所産)이무어시뇨 ○답(答)립ᄲᆞᆯ은귀(貴)ᄒᆞ고셔쇽(黍粟)이만ᄒᆞ며뵈(麻布)와모물(毛物)과ᄉᆡᆼ션(生鮮)과금(金)과구리(赤銅)가나ᄂᆞ니라

문 함경도(咸鏡道)에일홈난곳이어ᄃᆡ뇨 ○답(答)경흥(慶興)에젹디(赤池)와못ᄇᆞᆰ은안변(安邊)에큰호슈(湖水)잇ᄉᆞ니쥬회(周回)가삼십리(三十里)오ᄉᆞ면(四面)빅사쟝(白沙場)에희당화(海棠花)ᄆᆞ득ᄒᆞ니라

문 함경도(咸鏡道)에큰령(嶺)이몃치뇨 ○답(答)마텬령(摩天嶺)과마운령(摩雲嶺)과

함관령(咸關嶺)이잇고다른령(嶺)도만흐니라

問 강원도(江原道)에무슴산(山)이잇ᄂᆞ뇨 ○답(答)강릉(江陵)고을에오ᄃᆡ(五臺)산(山)과회양(淮陽)고을에금강산(金剛山)이잇ᄂᆞ니라

問 강원도(江原道)에무슴강(江)이잇ᄂᆞ뇨 ○답(答)쇼양강(昭陽江)이잇ᄂᆞ니라

問 소양강(昭陽江)이어ᄃᆡ셔흐르ᄂᆞ뇨 ○답(答)금강산(金剛山)뒤희셔흘너한강(漢江)이되ᄂᆞ니라

問 강원도(江原道)에감영(監營)이어ᄂᆞ고을에잇ᄂᆞ뇨 ○답(答)원쥬부(原州府)에잇ᄂᆞ니라

問 원쥬(原州)가셔울셔몃리(里)뇨 ○답(答)이ᄇᆡᆨᄉᆞ십리(二百四十里)되ᄂᆞ니라

問 강원도(江原道)에 병슈영(兵水營)이 잇ᄂᆞ뇨 ○ 답(答) 산협(山峽)인 고로 병영(兵營)과 슈영(水營)이 업ᄂᆞ니라

問 강원도(江原道)에 고을이 몃치뇨 ○ 답(答) 이십륙읍(二十六邑) 되ᄂᆞ니라

問 강원도(江原道)에 소산(所産)이 무어시뇨 ○ 답(答) 립ᄲᆞᆯ은 적고 셔속(黍粟)과 감조(甘藷)와 ᄇᆡᆨ쳥(白淸)이 만ᄒᆞ며 모물(毛物)과 인삼(人蔘)과 담ᄇᆡ(淡巴姑)가 나ᄂᆞ니라

問 강원도(江原道)에 무ᄉᆞᆷ 섬이 잇ᄂᆞ뇨 ○ 답(答) 울릉도(鬱陵島)와 우산도(芋山島)란 큰 섬이 잇고 적은 섬도 잇ᄂᆞ니라

問 강원도(江原道)에 일홈난 곳이 어ᄃᆡ뇨 ○ 답(答) 금강산(金剛山)과 령동(嶺東) 동해변(東海邊) 관동팔경(關東八景) 아홉 고을에 각각(各各) 경치(景致)가 됴ᄒᆞ니라

地璆略論

問 경상도에감영이어ᄂᆞ고을에잇ᄂᆞ뇨 ○ 答 답대구부 慶尙道 監營 大邱府 에잇ᄂᆞ니라

問 경상도에고을이몃치뇨 ○ 答 답칠십일읍되ᄂᆞ니라 慶尙道 七十一邑

問 경상도에병슈영이몃치뇨 ○ 答 답울산좌병영과진쥬우병영과동릭슈영과고셩통제영 慶尙道 兵水營 蔚山左兵營 晋州右兵營 東萊水營 固城統制營 (경상전라츙쳥삼도슈군통졔ᄉᆞ [illegible]) 이잇ᄂᆞ니라

問 대구가셔울셔몃리뇨 ○ 答 답륙빅칠십리니라 大邱 六百七十里

問 경상도에무ᄉᆞᆷ셤이잇ᄂᆞ뇨 ○ 答 답남헤셤과거제셤 慶尙道 南海 巨濟 이잇고적은셤도만ᄒᆞ니라

問 경상도에소산이무어시뇨 ○ 答 답오곡과목포와슈 慶尙道 所產 五穀 木布 水

정(晶)과어물(魚物)과실과(實果)와금(金)과구리(赤銅)가나ᄂᆞ니라

問 경상도(慶尙道)에일홈난곳이어ᄃᆡ뇨 ○답(答)진쥬(晉州)촉셕루(矗石樓)의밀양(密陽)령남루(嶺南樓)와의셩(義城)빙암(氷巖) 산(山)이놉고고을이깁허녀름에도어름이잇ᄂᆞ니라 과의흥(義興)풍혈(風穴) 깁흔굴에셔바람이대단이나오ᄂᆞ니라 이잇ᄂᆞ니라

問 전라도(全羅道)에무슴산(山)이잇ᄂᆞ뇨 ○답(答)적상산셩(赤裳山城)무쥬(茂朱)고을에잇ᄉᆞ니바위가셩곳치되엿ᄂᆞ니라 과지리산(智異山)구례(求禮)고을이잇고김만경(金萬頃)큰들이 아홉고을이ᄒᆞᆫ들에잇ᄂᆞ니라 잇ᄂᆞ니라

問 전라도(全羅道)에무슴강(江)이잇ᄂᆞ뇨 ○답(答)둑겁강(蟾江)이잇ᄉᆞ니전쥬(全州)셔흘너남히(南海)로드러가ᄂᆞ니라

問 전라도(全羅道)에무슴포구(浦口)잇ᄂᆞ뇨 ○답(答)군산포(群山浦)옥구(沃溝)고을와

八

법셩포(法聖浦)령광(靈光)고을 가잇고 적은포구(浦口)도 만흐니라

뎐라감영(全羅監營)이어ᄂᆞ고을에잇ᄂᆞ뇨 ○ 답(答) 젼쥬부(全州府)에잇ᄂᆞ니라

젼라도(全羅道)에 병슈영(兵水營)이어ᄂᆞ고을에잇ᄂᆞ뇨 ○ 답(答) 강진(康津) 병영(兵營)과 슌텬(順天) 좌슈영(左水營)과 히남(海南) 우슈영(右水營)이 잇ᄂᆞ니라

젼라도(全羅道)에 고을이 몃치뇨 ○ 답(答) 오십륙읍(五十六邑)이니라

젼쥬(全州)가 셔울셔 몃리뇨 ○ 답(答) 오ᄇᆡᆨ리(五百里)되ᄂᆞ니라

젼라도(全羅道)에 소산(所産)이 무어시뇨 ○ 답(答) 딥빨과 쥭긔(竹器)와 ᄇᆡᆨ(白)목(木)과 칠긔(漆器)와 쥭렴(竹簾)과 붓치와 강건(網巾)과 어물(魚物)과 소곰과 죠의와 금(金)이나ᄂᆞ니라

問 젼라도(全羅道)에무솜셤이잇ᄂᆞ뇨 ○ 답(答) 졔쥬(濟州)란큰셤과진도(珍島)란셤과적은셤도만ᄒᆞ니라

問 졔쥬(濟州)가셔울셔몃리(里)나되ᄂᆞ뇨 ○ 답(答) 륙디(陸地)가쳔리(千里)오 슈로(水路)가구빅칠십리(九百七十里)니라

問 졔쥬디방(濟州地方)이몃리(里)뇨 ○ 답(答) 삼빅리(三百里)되ᄂᆞ니라

問 졔쥬(濟州)에무솜산(山)이잇ᄂᆞ뇨 ○ 답(答) 한라산(漢拏山)이란큰산(山)이 잇ᄂᆞ니라

問 졔쥬(濟州)에소산(所産)이무어시뇨 ○ 답(答) 귤(橘)과몰(馬)과어물(魚物)과쥭(竹)과가만히나되곡식(穀食)이귀(貴)ᄒᆞ니라

問 츙쳥도(忠淸道)에무솜산(山)이잇ᄂᆞ뇨 ○ 답(答) 계룡산(鷄龍山)진잠과

속리산(俗離山) 보은(報恩)고을은 파다른산(山)도만히잇ᄂᆞ니라

충쳥도(忠淸道)에무ᄉᆞᆷ강(江)이잇ᄂᆞ뇨 ○ 답(答) 금강(錦江) 공쥬(公州)감영(監營)과

ᄇᆡᆨ마강(白馬江) 부여(扶餘)고을이잇ᄂᆞ니라

금강(錦江)이어듸셔흐르ᄂᆞ뇨 ○ 답(答) 젼라도(全羅道)마이산(馬耳山)진안(鎭安)

고을물이금강(錦江)되여ᄇᆡᆨ마강(白馬江)으로통(通)ᄒᆞ여셔ᄒᆡ(西海)로흐르

ᄂᆞ니라

충쳥도(忠淸道)에감영(監營)이어ᄂᆞ고을에잇ᄂᆞ뇨 ○ 답(答) 공쥬부(公州府)

에잇ᄂᆞ니라

충쳥도(忠淸道)에병슈영(兵水營)이몃치뇨 ○ 답(答) 쳥쥬(淸州)병영(兵營)과보령(保寧)

슈영(水營)이잇ᄂᆞ니라

問 충청도(忠淸道)에 고을이 몃치뇨 ○ 답(答) 오십ᄉᆞ(五十四) 읍(邑)되ᄂᆞ니라

問 충청도(忠淸道)에 무ᄉᆞᆷ 포구(浦口) 잇ᄂᆞ뇨 ○ 답(答) 강경(江鏡)은 은진(恩津)이란 고을 큰 포구(浦口) 잇고 적은 포구(浦口)도 만흐니라

問 충청도(忠淸道)에 무ᄉᆞᆷ 섬이 잇ᄂᆞ뇨 ○ 답(答) 안면도(安眠島)란 큰 섬이 잇고 적은 섬도 만흐니라

問 공쥬(公州) 가셔 울셔 몃 리뇨 ○ 답(答) 삼ᄇᆡᆨ리(三百里) 되ᄂᆞ니라

問 충청도(忠淸道)에 소산(所産)이 무어시뇨 ○ 답(答) 오곡(五穀)과 문영과 뵈(布)와 모시와 죠희와 ᄃᆡ쵸(大棗)가 나ᄂᆞ니라

問 충청도(忠淸道)에 일흠 난 곳이 어ᄃᆡ뇨 ○ 답(答) 룡연(龍淵) 진잠(鎭岑) 고을과 의림지(義林池) 졔쳔(堤川) 고을와 화양동(華陽洞) 쳥쥬(淸州) 고을과 거복바위(龜巖)와 단양(丹陽)

地瑯略論

고을가 잇ᄂᆞ니라

問 경긔도(京畿道)에 무ᄉᆞᆷ 산이 잇ᄂᆞ뇨 ○ 답(答) 삼각산(三角山) 경산(京山) 파 오관산(五冠山) 송도고을(松都) 파 관악산(冠岳山) 과쳔고을(果川) 파 룡문산(龍門山) 양근고을(楊根) 파 남한산셩(南漢山城) 광쥬고을(廣州) 파 북한산셩(北漢山城) 경산(京山)이 잇ᄂᆞ니라

問 경긔도(京畿道)에 무ᄉᆞᆷ 강이 잇ᄂᆞ뇨 ○ 답(答) 오강(五江) 한강(漢江) 룡산(龍山)강 상강 마포(麻浦) 리로 셔호(西湖) 강 돌이 잇고 또 림진강(臨津江) 파쥬고을(坡州)이 잇ᄂᆞ니라

問 오강(五江)이 어듸셔 흐르ᄂᆞ뇨 ○ 답(答) 츙쳥도(忠淸道) 속리산(俗離山) 물과 강원도(江原道) 오대산(五臺山) 물과 금강산(金剛山) 물이 합(合)ᄒᆞ여 한강(漢江)되야 팔미도(八尾島)로 흐르ᄂᆞ니라

問 림진강(臨津江)은 어듸셔 흐르ᄂᆞ뇨 ○ 답(答) 강원도(江原道) 텰령(鐵嶺) 물이

합슈(合水)ᄒᆞ여 림진강(臨津江)되야 셔ᄒᆡ(西海)로 ᄒᆞᄅᆞᄂᆞ니라

問 남한산셩(南漢山城)과 븍한산셩(北漢山城)에 무어시 잇ᄂᆞ뇨 ○답(答) 남한(南漢)산셩(山城)은 광쥬(廣州)읍ᄂᆡ(邑內)오 ᄯᅩ 총셥(摠攝)파 승군(僧軍)이 잇고 븍한산(北漢山)셩(城)에도 총셥(摠攝)파 승군(僧軍)이 잇ᄂᆞ니라

問 총셥(摠攝)이 무어시뇨 ○답(答) 승군(僧軍)을 거ᄂᆞ리고 산셩(山城)을 직ᄒᆡᄂᆞᆫ 쟝슈(將帥)(총의 벼슬이라)니라

問 경긔감영(京畿監營)이 어ᄂᆞ 고을에 잇ᄂᆞ뇨 ○답(答) 양쥬(楊州)ᄯᅩᄒᆡ 잇ᄂᆞ니라(경가(京家) 긔감(畿監)영(營)이 셔울새문밧긔 잇ᄉᆞ니 양쥬(楊州)에 붓친ᄯᅩ회니ᄒᆞ)

問 경긔도(京畿道)에 병슈영(兵水營)이 잇ᄂᆞ뇨 ○답(答) 병영(兵營)은 본ᄃᆡ 업고 교동슈영(喬桐水營)이 과(罷)ᄒᆞ엿ᄂᆞ니라

地璆略論

問 경긔도(京畿道)에 류슈(留守)가 몃치뇨 ○답(答) 오도류슈(五都留守)니라

問 오도류슈(五都留守)가 어ᄂᆞ 고을에 잇ᄂᆞ뇨 ○답(答) 광쥬(廣州)와 슈원(水原)과 ᄀᆡ셩(開城)과 강화(江華)와 츈쳔(春川)이니라

問 류슈(留守)가 무어술 ᄒᆞᄂᆞ뇨 ○답(答) 감ᄉᆞ(監司)와 ᄀᆞᆺᄒᆞ나 힝궁(行宮)과 셩(城)을 딕희여 보(保)라(障)ᄒᆞᄂᆞ니라 (브[illegible]에[illegible]ᄂᆞᆫ ᄒᆞᆫ안이 다ᄉᆞ려ᄂᆞᆫ갓시라)

問 경긔도(京畿道)에 고을이 몃치뇨 ○답(答) 삼십륙읍(三十六邑)되ᄂᆞ니라

問 경긔도(京畿道)에 무ᄉᆞᆷ 포구(浦口) 잇ᄂᆞ뇨 ○답(答) 졔믈포(濟物浦) 인쳔(仁川)ᄯᅡ 잇ᄉᆞ니 ᄀᆡ항(開港)ᄒᆞᆫ 포구(浦口)요 마산포(馬山浦) 남양(南陽)ᄯᅡ와 문산포(文山浦) 파쥬(坡州)ᄯᅡ가 잇고 적은 포구(浦口)도 만ᄒᆞ니라

問 경긔도(京畿道)에 소산(所産)이 무어시뇨 ○답(答) 오곡(五穀)과 인삼(人蔘)과 사(砂)

긔와(器) 각식(各色) 실과(實果)와 어렴(魚鹽)이 나ᄂᆞ니라

問 깅긔도(京畿道)에 무숨 셤이 잇ᄂᆞ뇨 ○ 答 답 강화(江華)란 큰 셤과 교(喬)동(桐)셤과 젹은 셤이 만히 잇ᄂᆞ니라

問 강화(江華)에 무숨 산(山)이 잇ᄂᆞ뇨 ○ 答 답 마리산(摩尼山)과 뎡족산셩(鼎足山城)이 잇ᄂᆞ니라

問 강화디방(江華地方)이 몃 리(里)뇨 ○ 答 답 기리ᄂᆞᆫ 칠십리(七十里)오 넓이ᄂᆞᆫ 삼십리(三十里)니라

問 강화(江華)에 소산(所產)이 무어시뇨 ○ 答 답 오곡(五穀)과 실과(實果)와 어렴(魚鹽)과 조리 셕문(席紋)가 나ᄂᆞ니라

問 강화(江華)가 서울셔 몃 리(里)뇨 ○ 答 답 일ᄇᆡᆨ이십리(一百二十里)니라

地璆略論

問 황히도(黃海道)에무숨산(山)이잇ᄂᆞ뇨 ○답(答)슈양산(首陽山)과히쥬(海州)과구월산(九月山)문화(文化)이잇고다ᄅᆞᆫ산도만ᄒᆞ니라

問 황히도(黃海道)에무숨강(江)이잇ᄂᆞ뇨 ○답(答)월당강(月當江)과후셔강(後西江)이잇ᄂᆞ니라

問 후셔강(後西江)이어ᄃᆡ셔흐ᄅᆞᄂᆞ뇨 ○답(答)언진산(彦眞山)슈안(遂安)산아래셔흘너연평(延平)바다로드러가ᄂᆞ니라

問 황히감영(黃海監營)이어ᄂᆞ고을에잇ᄂᆞ뇨 ○답(答)히쥬부(海州府)에잇ᄂᆞ니라

問 황히도(黃海道)에병슈영(兵水營)이몃치뇨 ○답(答)황쥬병영(黃州兵營)과옹진(甕津)슈영(水營)이잇ᄂᆞ니라

問 황히도(黃海道)에고을이몃치뇨 ○ 답(答)이십삼(二十三)읍(邑)되ᄂᆞ니라

問 히쥬(海州)가서울셔몃리뇨 ○ 답(答)삼빅팔십리(三百八十里)니라

問 황히도(黃海道)에무솜셤이잇ᄂᆞ뇨 ○ 답(答)빅령(白翎)셤과연평(延平)셤이잇고적은셤도만흐니라

問 황히도(黃海道)에무솜포구(浦口)잇ᄂᆞ뇨 ○ 답(答)라진포(羅津浦)안연(安延)안가잇고적은포구(浦口)도만흐니라

問 황히도(黃海道)에소산(所産)이무어시뇨 ○ 답(答)립빨은적고잡곡(雜穀)이만흐며담비(淡巴姑)와숙디황(熟地黃)과검금(黔金)이나ᄂᆞ니라

問 황히도(黃海道)에일홈난곳이어듸뇨 ○ 답(答)월파루(月波樓)황쥬(黃州)고을의부용당(芙蓉堂)히쥬(海州)고을과와룡지(臥龍池)안연(安延)고을안의연지(蓮池)장련(長連)고을

에 잇ᄂᆞᆫ 못와 빅사뎡(白沙汀) 쟝연(長淵ᄯᅡ)에 명사십리(明沙十里)이 잇ᄂᆞ니라

평안도(平安道)에 무슴 산(山)이 잇ᄂᆞ뇨 ○ 답(答) 묘향산(妙香山) 녕변(寧邊고을)과 구룡산(九龍山) 평양(平壤고을)과 룡골산(龍骨山) 룡쳔(龍川ᄯᅡ)이 잇고 다른 산(山)도 만흐니라

평안도(平安道)에 무슴 강(江)이 잇ᄂᆞ뇨 ○ 답(答) 대동강(大同江) 평양(平壤고을)과 불류강(沸流江) 성천(成川ᄯᅡ)과 웅성강(熊成江) 삼등(三登고을)과 압록강(鴨綠江) 의쥬(義州ᄯᅡ)이 잇ᄂᆞ니라

대동강(大同江)이 어ᄃᆡ셔 흐르ᄂᆞ뇨 ○ 답(答) 함경도(咸鏡道) 물은 불류강(沸流江)되고 황해도(黃海道) 물은 웅성강(熊成江)되여 대동강(大同江)의 합(合)ᄒᆞ여 결량ᄒᆡ(決梁海)로 흐르ᄂᆞ니라

問 압록강(鴨綠江)은어듸셔흐르ᄂᆞ뇨 ○답(答)함경도(咸鏡道)ᄇᆡᆨ두산(白頭山)셔(西)편(偏)물이혼돈강(混沌江)장진(長津)되여압록강(鴨綠江)으로통(通)ᄒᆞ여셔(西)ᄒᆡ(海)로흐르ᄂᆞ니라

問 압록강(鴨綠江)건너가어듸뇨 ○답(答)구련셩(九連城)이니쳥국(清國)건쥬(建州)ᄯᅡ히되ᄂᆞ니라

問 평안도(平安道)에감영(監營)이어ᄂᆞ고을에잇ᄂᆞ뇨 ○답(答)평양부(平壤府)에잇ᄂᆞ니라

問 평안도(平安道)에병슈영(兵水營)이몃치뇨 ○답(答)안쥬(安州)병영(兵營)이잇고슈영(水營)은업ᄂᆞ니라

問 평안도(平安道)에고을이몃치뇨 ○답(答)ᄉᆞ십ᄉᆞ읍(四十四邑)되ᄂᆞ니라

十四

문(問) 평양(平壤)이 서울서 몃리뇨 ○ 답(答) 오백오십리(五百五十里)니라

문(問) 평안도(平安道)에 무숨 섬이 잇느뇨 ○ 답(答) 신미도(新尾島)와 석골도(石骨島)란 큰 섬이 잇고 적은 섬도 만흐니라

문(問) 평안도(平安道)에 소산(所產)이 무어시뇨 ○ 답(答) 립빨은 적고 잡곡(雜穀)이 만흐며 면쥬(綿紬)와 담비(淡巴姑)와 옥(玉)돌과 금(金)과 인삼(人蔘)과 석단(石炭)이 나느니라

문(問) 평안도(平安道)에 일홈난 곳이 어디뇨 ○ 답(答) 련광뎡(練光亭) 평양(平壤)과 부벽루(浮碧樓) 평양(平壤)의 약산동디(藥山東臺) 녕변(寧邊)의 통군뎡(統軍亭) 의쥬(義州)이 잇느니라

문(問) 됴션팔도(朝鮮八道)에 인구수(人口數)가 얼마나 되느뇨 ○ 답(答) 륙죠오(六兆五)

억여만명(億餘萬名)되ᄂᆞ니라

問 청국(淸國)이어듸잇ᄂᆞ뇨 ○ 답(答)아셰아(亞西亞)동편(東偏)에잇ᄂᆞ니라

問 청국(淸國)셔울일홈이무어시뇨 ○ 답(答)븍경(北京)이라ᄒᆞᄂᆞ니라

問 청국(淸國)에몃도가잇ᄂᆞ뇨 ○ 답(答)이십삼셩(二十三省)이잇ᄂᆞ니라

問 청국(淸國)에무슴산(山)이잇ᄂᆞ뇨 ○ 답(答)곤륜산(崑崙山)이란큰산(山)이잇고다른산(山)도마ᄂᆞ니라

問 청국(淸國)에무슴강(江)이잇ᄂᆞ뇨 ○ 답(答)두큰강(江)이잇ᄉᆞ니ᄒᆞ나ᄒᆞᆫ황하슈(黃河水)이오ᄒᆞ나ᄒᆞᆫ양ᄌᆞ강(揚子江)이니라

問 청국(淸國)에항구(港口 포구浦口라)ᄀᆡ항(開港)ᄒᆞᆫ가잇ᄂᆞ뇨 ○ 답(答)여러항구(港口)

잇ᄂᆞ니라

問문 청국(清國)에무솜호슈(湖水)가잇ᄂᆞ뇨 ○ 答답두큰호슈(湖水)인곳시오 물만이모 못보다 큰듸라 잇ᄉᆞ니ᄒᆞ나흔동졍호(洞庭湖)요ᄒᆞ나흔핑려호(彭蠡湖)니라

問문 청국(清國)에소산(所産)이무어시뇨 ○ 答답립쌀과차(茶)와금(金)과옥(玉)과비단(緞)과각식보픽(各色寶貝)만ᄒᆞ니라

問문 청국(清國)에인구수(人口數)가얼마나되ᄂᆞ뇨 ○ 答답대강ᄉᆞ빅죠(大綱四百兆)인구(人口)되ᄂᆞ니라

問문 일본국(日本國)디형(地形)이엇더ᄒᆞ뇨 ○ 答답큰셤이셋시오적은셤도만ᄒᆞ니라

問문 일본(日本)셔울일홈이무어시뇨 ○ 答답동경(東京)이라ᄒᆞᄂᆞ니라

問 일본(日本)에항구(港口)가몃치뇨 ○ 답(答)세큰항구(港口)잇스니ᄒᆞ나흔요고하마(橫濱)요ᄒᆞ나흔ᄭᅩ빅(神戶)요ᄒᆞ나흔나가사기(長崎)니

問 ᄯᅩ하고다데(函館)와니가다(新潟)란두항구(港口)가잇ᄂᆞ니라

問 일본(日本)에소산(所産)이무어시뇨 ○ 답(答)곡식(穀食)과셕탄(石炭)과ᄉᆡᆼᄉᆞ(生絲)와단속(緞屬)과미술품(美術品)과어물(魚物)이나ᄂᆞ니라

問 일본(日本)에경개(景槩)가엇더ᄒᆞ뇨 ○ 답(答)일본(日本)이셤즁인고로각식초목(各色草木)이무셩(茂盛)ᄒᆞ고아름다온산쳔(山川)이만ᄒᆞ니라

問 인도국(印度國)이어ᄃᆡ잇ᄂᆞ뇨 ○ 답(答)아셰아남편(亞西亞南偏)에잇ᄂᆞ니라

問 인도국(印度國)셔울일홈이무어시뇨 ○ 답(答)갈갓다(葛龕多)라ᄒᆞᄂᆞ

니라

인도국(印度國)에 무숨 유명(有名)훈 강(江)이 잇ᄂᆞ뇨 ○ 답(答) 잔지쓰란(干支斯) 강(江)이 잇ᄉᆞ되 ᄇᆡᆨ셩(百姓)이 위ᄒᆞ여 졔ᄉᆞ(祭祀)를 지내고 아히(兒孩)를 졔물(祭物)을 민ᄃᆞ러 그 강(江)에 넛ᄂᆞ니라

인도국(印度國)에 소산(所產)이 무어시뇨 ○ 답(答) 립빨 파 아편(鴉片) 과 쪽 과 각식(各色) 실과(實果)와 금(金)과 구리(赤銅)와 쇠(鐵)가 나ᄂᆞ니라

인도국(印度國)에 인구수(人口數)가 얼마나 되ᄂᆞ뇨 ○ 답(答) 대강(大綱) 이ᄇᆡᆨ(二百) 죠(兆) 인명(人名) 되ᄂᆞ니라

인도국(印度國) ᄇᆡᆨ셩(百姓)의 픔수(品數)가 네 가지로 논홈이 엇더ᄒᆞ뇨

○ 답(答) 서로 혼인(婚姻)ᄒᆞ지 아니ᄒᆞ고 음식(飮食)과 거처(居處)를 ᄀᆞᆺ처

ᄒᆞ지아니ᄒᆞᄂᆞ니라

問 불도(佛道)가어ᄃᆡ셔시작(始作)ᄒᆞ엿ᄂᆞ뇨 ○답(答)인도국(印度國)에셔시(始)작(作)ᄒᆞ여아셰아동편(亞西亞東偏)나라에젼(傳)ᄒᆞ엿ᄂᆞ니라

問 아셰아북편(亞西亞北偏)에잇던나라히잇ᄂᆞ뇨 ○답(答)아라ᄉᆞ국(俄羅斯國)ᄯᅩ히잇ᄂᆞ니라

問 녯날유다국(猶太國)이어ᄃᆡ잇셧ᄂᆞ뇨 ○답(答)아셰아셔편(亞西亞西偏)에잇셧ᄂᆞ니라

問 유다국(猶太國)이엇지ᄒᆞ여업서졋ᄂᆞ뇨 ○답(答)유롭프남편(歐羅巴南偏)에로마(羅馬)란나라의멸(滅)ᄒᆞᆫ되엿ᄂᆞ니라

問 야소교(耶蘇敎)가엇던나라에셔왓ᄂᆞ뇨 ○답(答)유다국(猶太國)에셔

시작(始作)ᄒᆞ여 텬하만국(天下萬國)에 젼(傳)ᄒᆞ엿ᄂᆞ니라

問 아프리까동편(亞非利加東偏)에 무숨 대양(大洋)이 잇ᄂᆞ뇨 ○ 답(答) 인도양(印度洋)이 잇ᄂᆞ니라

問 아프리까셔편(亞非利加西偏)에 무숨 대양(大洋)이 잇ᄂᆞ뇨 ○ 답(答) 대셔양(大西洋)이 잇ᄂᆞ니라

問 아프리까동북간(亞非利加東北間)에 엇던 나라히 잇ᄂᆞ뇨 ○ 답(答) 예지부도(埃及)란 나라히 잇ᄂᆞ니라

問 녯날에 지부도(埃及)란 나라에셔 엇던 사ᄅᆞᆷ들이 종노릇ᄒᆞ엿ᄂᆞ뇨 ○ 답(答) 이스레일(尼塞列) 사ᄅᆞᆷ의 죠샹(祖上)이 종노릇ᄒᆞ엿ᄂᆞ니라

問 에지부도와아셔아ᄉᆞ이에무ᄉᆞᆷ유명ᄒᆞᆫ바다가잇ᄂᆞ뇨 ◯ 답홍히란바다가잇ᄂᆞ니라
埃及 亞西亞 有名 答 紅海

問 홍히에무ᄉᆞᆷ유명ᄒᆞᆫ일이잇셔ᄂᆞ뇨 ◯ 답이스레일사ᄅᆞᆷ의조샹이에지부도에셔떠날셰에에지부도사ᄅᆞᆷ들이급ᄒᆞ게잡으라고ᄯᅩᆺ칠셰하ᄂᆞ님이도으샤바다가ᄆᆞᆯ허져륙디가되엿ᄂᆞ니라
紅海 有名 答 尼塞列 祖上 埃及 埃及 陸地

問 아프리카븍편에엇던ᄯᅡ히잇ᄂᆞ뇨 ◯ 답적은나라히빗시오그밧긔아프리카ᄯᅡ흔만흐되야인들이만히잇ᄂᆞ니라
亞非利加 北偏 答 亞非利加 野人

問 유롭프디방에나라가몃치뇨 ◯ 답십구나라히니
歐羅巴 地方 答 十九

地璆略論

그즁에영국(英國)과덕국(德國)과법국(法國)과아라ᄉᆞ국(俄羅斯國)이뎨일(第一)이니라

問 영국(英國)셔울일홈이무어시뇨 ○답(答)론던(倫敦)이라ᄒᆞᄂᆞ니라

問 론던(倫敦)은엇던ᄯᅡ이뇨 ○답(答)세계즁뎨일큰도부(世界中第一都府)라샹업(商業)으로텬하즁심(天下中心)이되고인구ᄉᆞ빅여만(人口四百餘萬)이잇다ᄒᆞᄂᆞ니라

問 영국의소산(英國所產)이무어시뇨 ○답(答)쳘(鐵)과쳘긔(鐵器)와셕탄(石炭)과비단문영등믈(等物)과기여(其餘)온갓공예믈건(工藝物件)이만타ᄒᆞᄂᆞ니라

問 우리ᄡᅳᄂᆞᆫ양목(洋木)은영국(英國)소산(所産)이라ᄒᆞ니그러ᄒᆞ뇨 ○ 답(答)영국(英國)만졔스다에셔ᄧᆞᄂᆞᆫ거시니라

問 법국(法國)셔울일홈이무어시뇨 ○ 답(答)파리(巴里)라ᄒᆞᄂᆞ니라

問 파리(巴里)ᄂᆞᆫ엇더ᄒᆞᆫᄯᅡ이뇨 ○ 답(答)샹업(商業)과인구(人口)만키ᄂᆞᆫ론(倫)돈(敦)만못ᄒᆞ나장엄미려(壯嚴美麗)로우니뎨일(宇內第一)이라각국(各國)의셔유람(遊覽)ᄒᆞᄂᆞᆫ자(者)만ᄒᆞ니라

問 법국(法國)의소산(所産)이무어시뇨 ○ 답(答)비단(緞)과자긔(磁器)와미쥬(美酒)가뎨일(第一)이라ᄒᆞᄂᆞ니라

問 덕국(德國)셔울일홈이무어시뇨 ○ 답(答)ᄇᆡᆨ림(伯林)이라ᄒᆞᄂᆞ니라

問 아라ᄉᆞ국(俄羅斯國)셔울일홈이무어시뇨 ○ 답(答)셩(聖)도비(比)다ᄉᆞ(得)

버릉(堡)이라ᄒᆞᄂᆞ니라

問 유롭프븍편(歐羅巴北偏)에엇던대양(大洋)이잇ᄂᆞ뇨 ○답(答)븍빙양(北氷洋)이잇ᄂᆞ니라

問 유롭프셔편(歐羅巴西偏)에엇던대양(大洋)이잇ᄂᆞ뇨 ○답(答)대셔양(大西洋)이잇ᄂᆞ니라

問 남아미리까동편(南亞米利加東偏)에엇던대양(大洋)이잇ᄂᆞ뇨 ○답(答)대셔양(大西洋)이잇ᄂᆞ니라

問 남아미리까셔편(南亞米利加西偏)에엇던대양(大洋)이잇ᄂᆞ뇨 ○답(答)태평양(太平洋)이잇ᄂᆞ니라

問 븍아미리까(北亞米利加)에나라히몃치뇨 ○답(答)칠국(七國)이잇고또

영국(英國)에붓친ᄯᅡ히만ᄒᆞ니라

問 그즁(中)에엇던나라히뎨일(第一)이뇨 ○답(答)미국(美國)이뎨일(第一)이니라

問 븍아메리카(北亞米利加)븍편(北偏)에엇던대양(大洋)이잇ᄂᆞ뇨 ○답(答)븍빙양(北氷洋)이잇ᄂᆞ니라

問 오스트렐라리아(澳大利亞)디방(地方)이엇던나라에붓쳣ᄂᆞ뇨 ○답(答)영국(英國)에붓치엿ᄂᆞ니라

問 텬하각국(天下各國)에칩고더운거시엇더ᄒᆞ뇨 ○답(答)디구(地毬)가온디가뎨일(第一)더웁고디구(地毬)남븍(南北)ᄭᅳᆺ처처우니라 디구(地毬) 가온ᄃᆡ는가갓가온고로더웁고남(南)븍(北)ᄭᅳᆺ디(地) 젹(赤)도(道)방(方)은젹(赤)도(道)가먼고로치우니라

그즁(中)치운ᄯᅡ희사ᄂᆞᆫ사ᄅᆞᆷ들이음식(飮食)과거쳐(居處)를엇지
ᄒᆞᄂᆞ뇨 ◯ 답(答)어ᄅᆞᆷ집짓고즘승잡아먹고그가족으
로옷ᄒᆞ여닙ᄂᆞ니라

텬하만국(天下萬國)사ᄅᆞᆷ들모양(貌樣)과빗치엇더ᄒᆞ뇨 ◯ 답(答)오식(五色)
이니아셰아(亞細亞)동편(東便)은누른빗치요아셰아(亞西亞)남(南)편여러
셤은검향빗치요아프리까(亞非利加)ᄂᆞᆫ검은빗치요유롭프(歐羅巴)
ᄂᆞᆫ흰빗치요북아미리까(北亞米利加)ᄂᆞᆫ붉은빗치니라북아(北亞)미来
ᄃᆡ리(利)까(加)ᄂᆞᆫ디방(地方)에지금(至今)은각쳐(各處)사ᄅᆞᆷ들이사ᄂᆞᆫ고로붉은빗사ᄅᆞᆷ만잇지아니ᄒᆞᄂᆞ니라

디구략론종 地璆略論終